Teofila Reich-Ranicki
Marcel Reich-Ranicki

Wir sitzen
alle im gleichen Zug

Bilder und Texte
Ausgewählt
von Hans-Joachim Simm

Insel Verlag

Insel-Bücherei Nr. 1239

© dieser Ausgabe Insel Verlag Frankfurt am Main und Leipzig 2003
© der Bilder: Deutsche Verlagsanstalt München 2000
© der Texte: Deutsche Verlagsanstalt München 1989, 1999
S. Fischer Verlag Frankfurt am Main 1987
Einzelnachweise am Schluß des Bandes
Alle Rechte vorbehalten,
insbesondere das der Übersetzung,
des öffentlichen Vortrags sowie der Übertragung
durch Rundfunk und Fernsehen, auch einzelner Teile.
Kein Teil des Werkes darf in irgendeiner Form
(durch Fotografie, Mikrofilm oder andere Verfahren)
ohne schriftliche Genehmigung des Verlages reproduziert
oder unter Verwendung elektronischer Systeme
verarbeitet, vervielfältigt oder verbreitet werden.
Schrift: Sabon
Druck: Memminger MedienCentrum AG
Printed in Germany
ISBN 3-458-19239-5
Erste Auflage 2003

1 2 3 4 5 6 – 08 07 06 05 04 03

Wir sitzen alle im gleichen Zug

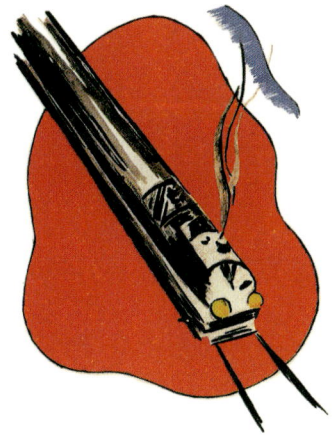

Im magischen Judenkreis

In einem Brief Sigmund Freuds vom Jahre 1936 findet sich ein höchst überraschender Satz. Freud äußert sich über einen kurz zuvor gestorbenen Psychoanalytiker und sagt hier: »Wir waren beide Juden und wußten voneinander, daß wir gemeinsam das geheimnisvolle Etwas tragen, das – bisher jeder Analyse unzugänglich – den Juden ausmacht.«
Offenbar war sich Freud dessen bewußt, daß es eine wissenschaftlich einwandfreie oder doch wenigstens einigermaßen zuverlässige Definition des Begriffs »Jude« gar nicht gibt. Und in der Tat: Was man unter diesem Stichwort in enzyklopädischen Werken – jüdischen oder nichtjüdischen – lesen kann, läßt deutlich die Ratlosigkeit ihrer Autoren erkennen. Wir haben es, allem Anschein nach, mit einem Phänomen zu tun, das mit den üblichen Kategorien – den religiösen, nationalen, sprachlichen, ethnischen oder rassischen – nicht hinreichend erklärt und abgegrenzt werden kann.
Wenn aber schon die Definition des Begriffs »Jude« auf so außerordentliche Schwierigkeiten stößt, wie sollte es dann möglich sein, das Jüdische in der deutschen Literatur zu charakterisieren? In seiner 1933 veröffentlichten Autobiographie »Eine Jugend in Deutschland« schreibt Ernst Toller: »Fragte mich einer, sage mir, wo sind deine deutschen Wurzeln, und wo deine jüdischen, ich bliebe stumm.« Ich glaube, daß sehr viele Autoren ebenso antworten würden.
Und Lion Feuchtwanger, ein Schriftsteller also, in dessen Werk jüdische Themen und Motive dominieren und der 1929, auf dem Gipfel seines Ruhms, öffentlich erklärte: »Mein Hirn denkt kosmopolitisch, mein Herz schlägt jüdisch«, dieser Feuchtwanger schrieb: »Ich habe mich oft mit größter Sorgfalt in die Werke deutscher Autoren jüdischer Herkunft vertieft, um irgendein sprachliches Merkmal zu finden, das

eindeutig auf ihre jüdische Abkunft hinwiese. Es ist mir trotz emsigsten Studiums nicht geglückt, in irgendeinem Werk der großen deutschen Dichter jüdischer Abstammung, von Mendelssohn bis Schnitzler und Wassermann, von Heine bis Arnold und Stefan Zweig, irgendein solches Merkmal zu entdecken.«

Als deutsche Juden im Jahr 1832 eine Zeitschrift mit dem Titel »Der Jude« gründeten, da meinte Ludwig Börne in seinen »Briefen aus Paris«, dieses Journal sei ein Mißverständnis, denn: »Wer für die Juden wirken will, der darf sie nicht isolieren; das tun ja eben deren Feinde, zu ihrem Verderben.«

Sowohl professionelle Antisemiten als auch jüdische Nationalisten operieren gern mit ganzen Katalogen von Namen, die sie als Argumente gegen oder für die Juden verstanden wissen wollen.

Gleich am Anfang der Geschichte der Juden in der deutschen Literatur finden wir eine wahrhaft einzigartige Figur: Rahel Varnhagen, geborene Levin. Sie, die Tochter eines orthodoxen Juden, die in ihrer Jugend die deutsche Sprache noch keineswegs gut beherrschte und deren frühe Briefe in dem damals üblichen Judendeutsch mit hebräischen Lettern geschrieben sind, triumphierte auf kaum zu übertreffende Weise: Ihr Salon – übrigens eine höchst bescheidene Dachstube in der elterlichen Wohnung – war rund fünfzehn Jahre lang, etwa von 1790 bis 1806, der Mittelpunkt des literarischen und geistigen Lebens in Berlin. Von Rahel Varnhagen, die weder schön noch anmutig war, ließen sie sich alle faszinieren; die Brüder Humboldt und die Brüder Tieck, Jean Paul und Friedrich Schlegel, Schleiermacher und Adam Müller, Brentano, Chamisso und Fouqué. Sie galt als die geistreichste Frau des Universums, aber wonach sie sich am meisten sehnte, das blieb ihr versagt: die normale Existenz, das – wie sie schrieb – »natürlichste Dasein«, dessen sich jede Bäuerin und jede

Bettlerin erfreuen könne. Was sie erreicht hatte, schien ihr lediglich »die verkehrte Krone auf meinem Schicksal« zu sein. Ihr ganzes Leben – so heißt es in einem Brief aus dem Jahre 1795 – sei »eine Verblutung« und »jede Bewegung, sie zu stillen, neuer Tod«.

Man hat Rahel Varnhagen in Berlin bewundert und gefeiert, ohne sie jedoch als Bürgerin akzeptieren zu wollen. »Was ist es garstig« – bekennt sie in einem Brief –, »sich immer erst legitimieren zu müssen! Darum ist es ja nur so widerwärtig, eine Jüdin zu sein!« In den Triumphen und Niederlagen ihres persönlichen Kampfes um Anerkennung spiegelt sich die Eigenart der Emanzipation der Juden in Deutschland.

Daß sie unter ganz anderen gesellschaftlichen und historischen Voraussetzungen als in den westeuropäischen Ländern und in Nordamerika vollzogen wurde, ist bekannt: Dort hatten die Juden ihre Gleichberechtigung den allgemeinen Bestrebungen des revolutionären Bürgertums zu verdanken. Wo aber die großen gesellschaftlichen Umwälzungen ausblieben und die neuen Menschenrechte nicht vom Bürgertum erkämpft, sondern von den alten Mächten widerwillig zugestanden wurden, da hatte auch die Emanzipation der Juden den Charakter lediglich eines behördlichen Erlasses, eines Verwaltungsakts.

So und nicht anders ist das preußische Emanzipationsdekret Hardenbergs von 1812 zu verstehen. Er verfügte die bürgerliche Gleichberechtigung der Juden, nur daß ihnen diese von der deutschen Bevölkerung (in Österreich war es sehr ähnlich gewesen) verweigert wurde. Bloß formal anerkannt und in Wirklichkeit überall diskriminiert, versuchten viele Juden durch außergewöhnliche geistige und künstlerische Leistungen Ansehen zu erlangen und auf diese Weise die tatsächliche Emanzipation zu erzwingen.

Die Beharrlichkeit des Kampfes, den Rahel Varnhagen, den

Börne und Heine geführt haben, wird erst durch diesen Hintergrund erklärt. Zugleich sahen sie in ihrer jüdischen Herkunft und der dadurch bedingten Situation ein zeittypisches Paradigma der staatsbürgerlichen Unfreiheit und der allgemeinen Rückständigkeit. Sie verbanden ihre Hoffnungen mit den großen gesellschaftlichen und politischen Veränderungen, die allen zugute kommen und somit auch das Problem der Juden lösen sollten.

Ausdrücklich erklärte Börne, sein politischer und sozialer Kampf werde mitbestimmt von dem Umstand, daß er »das unverdiente Glück habe«, »zugleich ein Deutscher und ein Jude zu sein, nach allen Tugenden der Deutschen streben zu können, und doch keine ihrer Fehler zu teilen. Ja, weil ich als Knecht geboren, darum liebe ich die Freiheit mehr als Ihr. Ja, weil ich die Sklaverei gelernt, darum versteh ich die Freiheit besser als Ihr. Ja, weil ich keinem Vaterlande geboren, darum wünsche ich ein Vaterland heißer als Ihr, und weil mein Geburtsort nicht größer war als die Judengasse und hinter den verschlossenen Toren das Ausland für mich begann, genügt mir auch die Stadt nicht mehr zum Vaterlande, nicht mehr ein Landgebiet, nicht mehr eine Provinz, nur das ganze große Vaterland genügt mir, so weit seine Sprache reicht.«

Aber sie alle scheiterten schon in ihrem unmittelbaren und persönlichen Bereich, in ihrem verzweifelten Kampf um jenes »natürlichste Dasein«. Niemand hat dies früher und klarer erkannt als die immer wieder erstaunliche Rahel Varnhagen. 1809 schrieb sie an Fouqué: »Was mir ist? Daß ich noch nie gefehlt habe; noch nie leichtsinnig oder eigennützig handelte, und mich doch aus dem immer sich fort und neu entwickelnden Unglück meiner falschen Geburt nicht hervorzuwälzen vermag. Dies sind wenige, leicht und bald auszusprechende Worte; aber es sind die Bogen, worauf mein ganzes Leben hindurch die schmerzlichsten, giftigsten Pfeile abgedrückt sind. Fest stehen sie, die Bogen, aus ihrer Richtung führt mich keine Kunst – keine Überlegung, keine Anstrengung, kein Fleiß, keine Unterwerfung... Mit der Meinung, daß ich eine Königin (keine regierende) oder eine Mutter sein müßte: erlebe ich, daß ich gerade *nichts* bin. Keine Tochter, keine Schwester, keine Geliebte, keine Frau, keine Bürgerin einmal.«

Wenn Heine ähnliche Enttäuschungen erspart blieben, so nur deshalb, weil er sich sehr rasch von Illusionen frei zu machen wußte. 1826, kaum ein Jahr nachdem er zum protestantischen Glauben übergetreten war, schrieb er: »Es ist aber ganz bestimmt, daß es mich sehnlichst drängt, dem deutschen Vaterland Valet zu sagen. Minder die Lust des Wanderns als die Qual persönlicher Verhältnisse (z. B. der nie abzuwaschende Jude) treibt mich von hinnen.« Für Rahel Varnhagen und für Heine gilt, was Börne 1832 festgestellt hat: »Es ist wie ein Wunder! Tausend Male habe ich es erfahren, und doch bleibt es mir ewig neu. Die Einen werfen mir vor, daß ich ein Jude sei; die Anderen verzeihen mir es; der Dritte lobt mich gar dafür; aber alle denken daran. Sie sind wie gebannt in diesem magischen Judenkreise, es kann keiner hinaus.«

So war es, so blieb es auch nach 1848, auch nach 1871. Wie wenig die historische Entwicklung – und somit auch die fortschreitende Emanzipation der Juden in Deutschland und Österreich – daran zu ändern vermochte, zeigen die Briefe eines Juden, der nicht den geringsten Anlaß hatte, sich über Erfolglosigkeit beim deutschen Publikum zu beklagen. Ich meine den Erzähler Berthold Auerbach, der von seinen Zeitgenossen mehr geschätzt wurde als Gottfried Keller und den auch heutige Nachschlagebücher den »populärsten deutschen Schriftsteller seiner Zeit« nennen.

Als 1880 der sogenannte Berliner Antisemitismusstreit ausgetragen wurde, schrieb Auerbach: »Es ist zum Verzweifeln. In den Freiesten steckt ein Hochmut und Widerwille gegen die Juden, der nur auf Gelegenheit wartet, um zu Tag zu kommen.« Und unter dem »zermalmenden Eindruck« der zweitägigen Debatte im preußischen Abgeordnetenhaus über die Judenfrage erklärte er im November 1880: »Vergebens gelebt und gearbeitet!... Das Bewußtsein, was noch in deutschen Menschen gehegt wird und was unversehens explodieren kann, das ist untilgbar.« Indes finden sich ähnliche, wenn auch weniger extreme Äußerungen bei nahezu allen hervorragenden Schriftstellern jüdischer Herkunft auch im ersten Drittel unseres Jahrhunderts. Dabei ging es ihnen meist nicht oder nicht nur um den offenen und direkten Antisemitismus, sondern eher um jenes besondere Klima der Befangenheit und der Voreingenommenheit, von dem sie sich früher oder später umgeben sahen.

Es hatte sich nämlich erwiesen, daß durch die Emanzipation der deutschen und der österreichischen Juden – sie war in den siebziger, spätestens in den achtziger Jahren des 20. Jahrhunderts abgeschlossen – jener »magische Judenkreis«, mit dem sich schon Börne nicht abfinden wollte, zwar weitgehend modifiziert, doch noch keineswegs liquidiert war. So meinte 1913 Richard Beer-Hofmann: »Wir stehen unter anderen Gesetzen der Beurteilung als andere Völker; ob wir nun wollen oder nicht – was wir Juden tun, vollzieht sich auf einer Bühne – unser Los hat sie gezimmert. Art und Unart anderer Völker wird selbstverständlich hingenommen. Aber alle Welt darf auf Publikumssitzen lümmeln und die Juden anstarren. Blick, Stimme, Haltung, die Farbe der Haare, die Masse des Körpers – alles soll gehässigen Richtern Rede stehen – und wehe, wenn wir nicht als Halbgötter über die Szene schreiten.«

Nach wie vor gab es den uralten *circulus vitiosus*: Die Juden wurden verfolgt, weil sie anders waren; und sie waren anders,

weil sie verfolgt wurden. Und fast unmöglich schien es, diesen Knoten zu entwirren und die Ursachen von den Wirkungen zu unterscheiden. Jedenfalls hatte trotz der veränderten äußeren Umstände die Sehnsucht der Rahel Varnhagen nach jenem »natürlichsten Dasein« nichts von ihrer Dringlichkeit eingebüßt, ja, sie war durch die Assimilation der Juden eigentlich nur noch subtiler und diffiziler geworden. Ebendeshalb waren die Enttäuschung und Desillusionierung der Betroffenen noch schmerzlicher.
Maßgebend scheinen mir auch hier Äußerungen von Autoren, die man nicht verdächtigen kann, ihre Verbitterung habe mit ungenügender Resonanz zu tun. Gerade in jener Zeit, in der Jakob Wassermann im Inland wie im Ausland außerordentlich erfolgreich war, schrieb er seine Autobiographie, in der er nachdrücklich betonte, er sei Deutscher und Jude zugleich, und zwar »eines so sehr und so völlig wie das andere, keines ist vom anderen zu lösen«. In diesem (1921 erschienenen) Buch erklärte Jakob Wassermann:
»Es ist vergeblich, das Volk der Dichter und Denker im Namen seiner Dichter und Denker zu beschwören. Jedes Vorurteil, das man abgetan glaubt, bringt, wie Aas die Würmer, tausend neue zutage... Es ist vergeblich, die Verborgenheit zu suchen. Sie sagen: der Feigling, er verkriecht sich, sein schlechtes Gewissen treibt ihn dazu. Es ist vergeblich, unter sie zu gehen und ihnen die Hand zu bieten. Sie sagen: was nimmt er sich heraus mit seiner jüdischen Aufdringlichkeit? Es ist vergeblich, ihnen Treue zu halten, sei es als Mitkämpfer, sei es als Mitbürger. Sie sagen: er ist der Proteus, er kann eben alles. Es ist vergeblich, ihnen zu helfen, Sklavenketten von den Gliedern zu streifen. Sie sagen: er wird schon seinen Profit dabei gemacht haben. Es ist vergeblich, das Gift zu entgiften. Sie brauen frisches. Es ist vergeblich, für sie zu leben und für sie zu sterben. Sie sagen: er ist ein Jude... Es ist mir, als wäre nur

bei den Toten Gerechtigkeit zu finden gegen die Lebenden. Denn was diese tun, ist ganz und gar unerträglich.«
Es geht hier nicht darum, ob Wassermann übertrieben hat, ob er ganz im Recht war oder nicht. Wichtig ist nur, daß von einem auf jeden Fall sehr ehrlichen Schriftsteller, der unbedingt Deutscher und Jude zugleich sein wollte, die Beziehungen zwischen Juden und Nichtjuden in diesem Lande so empfunden wurden, und das in einer Zeit, in der man den Namen Adolf Hitler noch gar nicht kannte, nämlich am Anfang jener zwanziger Jahre, die man heute so gern als »goldene« preist und verklärt.
Man darf nicht vergessen, daß die Schriftsteller jüdischer Herkunft noch in der Wilhelminischen Epoche in einer Gesellschaft wirkten, in der sie zwar höchst erfolgreich sein konnten, in der sie aber gleichwohl als etwas zweifelhafte Individuen, wenn nicht gar als Menschen einer minderen Kategorie galten. Charakteristisch sind in dieser Hinsicht die Briefe Theodor Fontanes, der immer wieder und mit auffallendem Engagement auf Juden zu sprechen kam. Er zögerte nicht, die Leistungen der Juden, zumal ihre Verdienste um das Berliner Kulturleben, nachdrücklich anzuerkennen, er bewunderte sie, und gelegentlich schrieb er, daß er die Juden liebe. Aber es fehlt auch nicht an Äußerungen des Mißtrauens, der Verärgerung und der Antipathie.
Thomas Mann meint 1907, »daß ein Exodus, wie die Zionisten von der strengen Observanz ihn träumen, ungefähr das größte Unglück bedeuten würde, das unserem Europa zustoßen könnte«, er hält das Judentum für einen »unentbehrlichen europäischen Kultur-Stimulus«. Nur findet sich im selben Aufsatz eine offensichtlich positiv gemeinte Äußerung, die erkennen läßt, in wie hohem Maße Thomas Mann, der selber mit der Tochter eines Juden verheiratet war, die Juden doch als fremd, als Menschen einer anderen Art empfindet:

»Es wird nicht lange mehr unmöglich scheinen, ein Jude und doch an Leib und Seele ein vornehmer Mensch zu sein.«

Wie immer man die Beziehungen zwischen Juden und Nichtjuden in Deutschland in den ersten Jahrzehnten des 20. Jahrhunderts beurteilen mag, unbefangen und natürlich waren sie niemals und konnten es wohl auch nicht sein. Daß diese tief verwurzelte Befangenheit nach allem, was zwischen 1933 und 1945 geschehen ist, auf ungeheuerliche Weise steigen mußte, bedarf wohl keiner Begründung.

Wo aber eine im Grunde unfaßbare Hypothek die Beziehungen zwischen den Menschen belastet, wo man sich also Unbefangenheit überhaupt nicht mehr vorstellen kann, da hat der Ruf nach Brüderlichkeit einen fatalen Beigeschmack und wird schlechterdings unglaubhaft. Ich frage mich oft, woher jene, die alljährlich die Brüderlichkeit fordern, den Mut dazu nehmen. Nicht der Heuchelei verdächtige ich sie, wohl aber der Weltfremdheit. Wer die Brüderlichkeit predigt, beruhigt vielleicht sein Gewissen, erreicht jedoch gar nichts. Denn mit der Brüderlichkeit ist es wie mit der Liebe: Sie läßt sich weder erbitten noch gar verfügen.

Muß es denn überhaupt gleich Liebe und Brüderlichkeit sein? Fairneß und gegenseitiges Verständnis – das mögen bescheidenere Ziele sein, aber sie sind auch realer und eher unserer Zeit angemessen. Wichtiger als die feierliche Beteuerung ist die sachliche Aufklärung. Man höre auf zu lamentieren und versuche zu informieren. Statt die Kollektivscham zu fordern und statt die Brüderlichkeit zu predigen, was niemand mehr ernst nimmt, versuche man – und das ist gewiß schwieriger – die Intoleranz und die Rückständigkeit zu bekämpfen.

In einer Rundfunk-Diskussion habe ich einmal das Wort des *Alten* Testaments erwähnt: »Du sollst deinen Nächsten lieben wie dich selbst.« Die Redakteure wollten diesen Satz sofort aus der Bandaufnahme entfernen, denn sie waren alle überzeugt, er stamme aus dem Neuen Testament. Da ich eigensinnig blieb, befragte man die Theologen vom Kirchenfunk, die dann bestätigten, der berühmte Satz sei tatsächlich im Dritten Buch Mose enthalten. Die Sendung konnte ausgestrahlt werden und löste zahllose Protestbriefe aus. Wird immer noch in der Bundesrepublik im Religionsunterricht das Alte Testament als ein Buch der Rache und des Hasses ausgegeben, und werden immer noch Menschlichkeit und Nächstenliebe lediglich dem Neuen Testament nachgerühmt?

Als Wolfgang Hildesheimer 1964 gefragt wurde, warum er nicht in der Bundesrepublik lebe, antwortete er: »Ich bin Jud. Zwei Drittel aller Deutschen sind Antisemiten. Sie waren es immer, und sie werden es immer bleiben...« Eine bekannte deutsche Journalistin, von der ich privat wissen wollte, was sie von dieser schroffen Behauptung halte, war zu heftigem Widerspruch keineswegs bereit. Sofern Hildesheimer mit »Antisemitismus« nicht mehr meine – sagte sie etwa – als eine tief verwurzelte Abneigung gegen die Juden, dann sei der von ihm geschätzte Anteil (zwei Drittel also) möglicherweise, jedenfalls was die älteren und mittleren Generationen betreffe, nicht zu hoch gegriffen. Und wie ist es um die jüngeren Generationen in dieser Hinsicht bestellt?

Der Antisemitismus hat, wir wissen es, viele und sehr verschiedene Ursachen. Juden und Nichtjuden haben sich oft darüber Gedanken gemacht. In einem Gedicht der Nelly Sachs heißt es:

> Warum die schwarze Antwort des Hasses
> auf dein Dasein, Israel?

Die Historiker und die Soziologen, die Psychologen und die Theologen sind nicht ratlos angesichts dieser Frage; der Antisemitismus ist ein Phänomen, das längst untersucht und erforscht wurde. Es geht doch nur darum, daß man die junge

Generation mit den konkreten Ergebnissen der Forschung bekannt macht. Kurz und gut: Nicht auf Bekenntnisse kommt es an, wohl aber auf Erkenntnisse. Mit Deklarationen und Deklamationen ist wenig getan, ungleich wichtiger sind Dokumentationen.

Ein Mann, den ich seit Jahren kenne und schätze, sagt mir oft, häufiger als es mir lieb ist: »Sie waren im Warschauer Getto, und ich war damals Hitlers Jagdflieger. Daran werden wir bis ans Ende unserer Tage denken, und das wird uns auch immer trennen.« Dieser Mann ist ehrlicher als die professionellen Philosemiten, er steht mir näher als jene, denen die Worte »Versöhnung« und »Brüderlichkeit« immer so rasch aus der Feder fließen.

Und Horst Krüger hat sein Buch »Das zerbrochene Haus. Eine Jugend in Deutschland« mit den Worten beendet: »Irgendwie hat er (Hitler) uns allen einen Sprung beigebracht... Die einen decken zu, und die anderen decken auf – das sind zwei Seiten derselben deutschen Medaille. Dieser Hitler, denke ich, der bleibt uns – lebenslänglich.« Ja, und nichts wäre falscher und schädlicher, als diesen Sprung, den Hitler uns allen beigebracht hat, verdecken und verkleistern zu wollen.

Tatsächlich haben viele Autoren, sosehr sie sich auch voneinander unterscheiden mochten, mehr oder weniger, früher oder später am Judentum gelitten – auch und insbesondere dann, wenn sie sich von ihm um jeden Preis losreißen wollten. Ich meine damit nicht religiöse, philosophische oder nationale Aspekte, sondern zunächst einmal die Position und Situation des Schriftstellers jüdischer Herkunft innerhalb der nichtjüdischen Gesellschaft und die sich daraus ergebenden Komplexe und Ressentiments. Margarete Susman spricht einmal von der »Wunde des Ausgerissenseins aus der natürlichen Ordnung, die unter allem jüdischen

Leben in fremden Völkern und Kulturen unablässig fortblutet und in allen Taten des jüdischen Geistes immer wieder aufbricht.«
So gewiß es stilistische oder formale Merkmale, die für die deutschen Schriftsteller jüdischer Herkunft charakteristisch wären, überhaupt nicht gibt, so sicher wurde das Werk der meisten von ihnen durch die spezifische Situation geprägt, in der sie sich als Juden innerhalb der nichtjüdischen Gesellschaft befunden haben. Es genügt, hier an Kafka und Werfel zu erinnern, an Else Lasker-Schüler, Döblin und Tucholsky, an Schnitzler und Karl Kraus, an Joseph Roth und Hermann Broch.
Für unsere Zeitgenossen gilt dies natürlich erst recht. Eine Interpretation der Verse Paul Celans, die von seinem Judentum und dem, was er als Jude unter nationalsozialistischer Herrschaft erlebt hat, absehen wollte, ist schwer denkbar. Wer Weg und Welt des Peter Weiss begreifen will, muß sich der Bedeutung jener knappen Feststellung bewußt werden, die in seinem autobiographischen Buch »Abschied von den Eltern« zu finden ist: »Die Emigration war für mich nur die Bestätigung einer Unzugehörigkeit, die ich von frühster Kindheit an erfahren hatte. Einen heimischen Boden hatte ich nie besessen.«
In Wolfgang Hildesheimers Hauptwerk, dem Roman »Tynset«, irrt der Ich-Erzähler durch das Gewirr von Straßen einer ihm fremden Stadt: »Ich fuhr, zwischen Taxen und Kreuzern, bedrängt von Verkehrsteilnehmern, alle verkehrssicher, alle zielsicher, alle wußten genau, wohin sie gehörten, und steuerten diesen Ort an, und dazwischen ich, der ich nicht wußte, wohin ich gehörte...« Doch etwas weiter heißt es: »Ich war an der oberen Schießschanze, zwängte mich in die Judengasse, wo ich hingehöre...«
Hilde Domin lebt nach langen Jahren des Exils in Heidelberg.

Aber ihre Lyrik steht unter den Vorzeichen, die sie in dem Gedicht »Mit leichtem Gepäck« gesetzt hat:
> Gewöhn dich nicht.
> Du darfst dich nicht gewöhnen.
> Eine Rose ist eine Rose.
> Aber ein Heim
> ist kein Heim.

Der Aufenthalt im Ausland übte auf die Sprache dieser Autoren – freilich nicht nur der jüdischen Emigranten – einen starken, wenn auch nicht immer leicht feststellbaren Einfluß aus, der sich ebenso in positiver wie in negativer Richtung auswirken konnte. Peter Weiss, dessen erste Bücher schwedisch geschrieben sind, hat selber seine Rückkehr zur deutschen Sprache kommentiert: »Obgleich er die Sprache in allen Einzelheiten wiedererkannte, war ihm, als müsse er noch einmal beginnen, sich in ihr verständlich zu machen. Lange erschien ihm dies als ein Mangel.« Aber er akzeptierte ihn, weil er erkannte, daß in dem Mangel eine neue Möglichkeit verborgen war: »Wenn er jetzt zur Sprache zurückgriff, die er damals gesprochen hat, dann sah er in dieser Sprache nur noch ein Werkzeug zwischen anderen Werkzeugen ... So wie er seiner selbst nicht sicher war, war er auch der alten Sprache nicht mehr sicher. Gleichzeitig mit dem Versuch, sich wiederzuentdecken und neu zu bewerten, mußte auch diese Sprache wieder neu errichtet werden ... So kommt der Schreibende auf einem Umweg über den Zerfall und die Machtlosigkeit zum Schreiben ...«

Die Sprache als Werkzeug, nur noch als Werkzeug, ein Deutsch also, das aus der Distanz zum Deutschen entstanden war – das ist wohl der Aspekt, unter dem die Verssprache in den Dramen von Peter Weiss analysiert werden sollte.

Auch auf Erich Fried trifft dies zu, hier scheint die stimulierende Wirkung des Exilaufenthalts besonders deutlich. Ein

Grundelement der Lyrik und der Prosa Frieds ist das Wortspiel, das sich meist von einer außerordentlichen Reizbarkeit für Lautübereinstimmungen oder Lautähnlichkeiten im Deutschen nährt. Daß diese Reizbarkeit erst durch die Distanz zum Alltagsdeutsch – Fried lebte Jahrzehnte in London – gewonnen werden konnte, muß zumindest als sehr wahrscheinlich gelten.

Zu nennen sind hier ferner Autoren, von denen man sagen kann, daß sie sich eher zwischen den Sprachen befinden – so Stefan Heym, der seine publizistischen Arbeiten deutsch, doch seine Romane und Erzählungen nach wie vor englisch schreibt und meist selber ins Deutsche übersetzt, so Jakov Lind, der erst vor wenigen Jahren vom Deutschen zum Englischen übergegangen ist.

In diesen Zusammenhang gehören auch Schriftsteller jüdischer Herkunft, die ihre Kindheit oder Jugend im »Dritten Reich« erlebt haben – wie etwa Ilse Aichinger, Günter Kunert und Wolf Biermann. Während bei Kunert und auch in der Prosa Ilse Aichingers auf die Abstammung dieser Autoren und die damit verbundenen Erlebnisse schon viele eindeutige inhaltliche Motive verweisen, verhält es sich bei dem jüngeren Wolf Biermann entschieden anders. Er ist der Sohn eines Juden, gewiß, aber er war noch ein kleines Kind, als sein Vater in Auschwitz ermordet wurde. 1945 war Biermann kaum neun Jahre alt, erzogen wurde er von der Mutter, einer Nichtjüdin. Kann also bei diesem permanenten Ruhestörer aus der DDR überhaupt von einer jüdischen Komponente die Rede sein? Offenbar doch. In einem seiner zentralen Gedichte, in dem programmatischen »Gesang für meine Genossen«, heißt es:

> Und ich singe all meine Verwirrung
> und alle Bitternis zwischen den Schlachten
> und ich verschweige dir nicht mein Schweigen
> – ach, in wortreichen Nächten, wie oft verschwieg ich

meine jüdische Angst, von der ich behaupte
daß ich sie habe – und von der ich fürchte
daß einst sie mich haben wird, diese Angst.

Das alles sind Fragen, die noch kaum untersucht wurden, hier steht die deutsche Literaturwissenschaft vor großen und schwierigen Aufgaben: Versäumtes gilt es nachzuholen, Aspekte also aufzudecken, die man bisher, aus welchen Gründen auch immer, ausgeklammert oder bagatellisiert oder auch tendenziös dargestellt hat. Dabei liegt es sehr nahe, der deutschen Germanistik, die ohnehin seit vielen Jahren geprügelt wird, auch hierfür die Verantwortung und die Schuld aufzuladen. Aber dies wäre billig und ungerecht zugleich. So einfach dürfen wir es uns nicht machen.

Unter dem Titel »Juden in der deutschen Literatur. Essays über zeitgenössische Schriftsteller« erschien in Berlin im Jahre 1922 ein Sammelwerk, an dem zahlreiche bekannte jüdische und nichtjüdische Autoren mitgearbeitet hatten. Im Vorwort meint der Herausgeber, Gustav Krojanker, daß es sich bei dem Buch um »ein ungemein verdächtiges Unternehmen« handle: »Denn es scheint in diesem Deutschland fast nicht anders denkbar, als daß die Geschäfte einer finsteren Reaktion betreibt, wer das Wesen des Juden als ein unterschiedliches überhaupt zu betrachten wagt.«

Indes waren es die jüdischen Schriftsteller selber, die sich einer solchen Betrachtung oft widersetzt haben. Kam dieser Widerstand der Selbstverleugnung der Betroffenen gleich? In manchen Fällen gewiß, in vielen anderen war es jedoch Selbsttäuschung und, wohl noch häufiger, Selbstverteidigung. Aus dem Hinweis nämlich auf die jüdische Besonderheit eines deutschsprachigen Schriftstellers ergab sich fast immer, ob dies nun ausgesprochen wurde oder nicht, der Zweifel an seiner Berechtigung, am deutschen Kulturleben teilzunehmen.

Nichts begreiflicher als der Umstand, daß nach 1945 die Literaturkenner, woher sie auch kamen, noch größere Schwierigkeiten hatten, diese Aspekte vorbehaltlos zu untersuchen. Aber gerade weil die Frage nach der jüdischen Komponente im Werk vieler Schriftsteller so ungeheuerlich belastet ist wie wohl noch nie ein Problem in der Geschichte der deutschen Literatur, ebendeshalb ist hier nichts notwendiger als maximale Sachlichkeit und Nüchternheit.

Walter Benjamin spricht in einem Brief aus dem Jahre 1939 vom »Strom erbaulicher und apologetischer Judaistik« und fügt hinzu, »daß alles, was man über ›die Juden in der deutschen Literatur‹ bis dato lesen konnte, von eben dieser Strömung sich treiben ließ«. Es liegt auf der Hand, daß der Wissenschaft und der Literatur nur geholfen werden kann mit Untersuchungen, die frei sind ebenso von »erbaulicher und apologetischer Judaistik« wie natürlich auch von antisemitischer Verketzerung.

Wieviel auf diesem Gebiet noch zu leisten ist, ja, daß wir eigentlich hier noch ganz in den Anfängen stecken, lassen schon die mit großer Verspätung publizierten Editionen erkennen. Erst in den letzten Jahren erschienen die Briefe, die autobiographischen Schriften und viele bisher ungedruckte Arbeiten Schnitzlers und Roths, Döblins und Benjamins – um sich auf nur einige Beispiele zu beschränken.

Nur dann, wenn man die spezifische Situation und die Eigenart der deutschen Schriftsteller jüdischer Herkunft ausdrücklich betont, nur dann macht man sie verständlich und trägt zu ihrer Wiedereinbürgerung bei – zu einer tatsächlichen und nicht zu einer solchen, die sich auf philosemitische Lippenbekenntnisse beschränkt.

In England konnte schon im vorigen Jahrhundert ein Jude Ministerpräsident sein, doch weder die englischen noch die russischen, weder die französischen noch die italienischen

Juden haben geistige Leistungen aufzuweisen, die mit den Ergebnissen der deutsch-jüdischen Verbindung auch nur im entferntesten vergleichbar wären.

Dabei haben sich die deutsch schreibenden Juden von Anfang an fast immer mit den revolutionären oder doch eindeutig fortschrittlichen Strömungen verbunden – dies gilt jedenfalls für das ganze 19. Jahrhundert bis hin zu den Kritikern und Förderern des Naturalismus wie Otto Brahm und Samuel Fischer, Moritz Heimarm und Alfred Kerr. Es ist deshalb nicht übertrieben, wenn man sagt, daß die Juden – und nicht nur Schriftsteller und Kritiker, sondern auch Verleger, Redakteure, Theaterdirektoren, Dirigenten, Regisseure – nahezu immer das Neue gefördert haben.

Ein Engagement der Juden im betont konservativen Sinne ist in der Geschichte der deutschen Literatur erst um 1900 feststellbar, und zwar vor allem im Umkreis von Stefan George – zu nennen sind hier Rudolf Borchardt, Friedrich Gundolf und Karl Wolfskehl. Seitdem gibt es zwar kaum eine literarische Strömung oder Richtung, in der nicht auch Juden zu Worte gekommen wären. Dennoch findet man sie meist auf jenem Flügel, den man gemeinhin als »links« bezeichnet. Daß dies alles sehr verständlich, doch gar nicht selbstverständlich ist, zeigt ein Blick nach Frankreich oder erst recht nach England, wo Juden sich eher auf dem konservativen Flügel bemerkbar machten.

Wie soll man es sich erklären, daß es gerade die deutschjüdische Verbindung war, die zu so außergewöhnlichen Leistungen geführt hat? Seit anderthalb Jahrhunderten denken Juden und Deutsche über diese Frage nach, ohne sie je hinreichend beantworten zu können. Oft wird auf gemeinsame Elemente im Charakter der Deutschen und der Juden hingewiesen – so etwa auf die ausgeprägte Neigung der einen wie der anderen zum abstrakten Denken. »Es ist in der Tat auffallend« – meinte Heine –, »welche innige Wahlverwandtschaft zwischen den beiden Völkern der Sittlichkeit, den Juden und Germanen, herrscht... Beide Völker sind sich ursprünglich so ähnlich, daß man das ehemalige Palästina für ein orientalisches Deutschland ansehen könnte, wie man das heutige Deutschland für die Heimat des heiligen Wortes, für den Mutterboden des Prophetentums, für die Burg der reinen Geistheit halten sollte.«

Schon im 19. Jahrhundert hat man auf die Folgen dieser eigentümlichen Mischung aus Unterschieden und Gemeinsamkeiten aufmerksam gemacht: Das Deutsche wurde für die Juden besonders attraktiv und das Jüdische für die Deutschen, als Ergänzung und Korrektiv, besonders nützlich. Vielleicht hat eine der entscheidenden Ursachen dieses verblüffenden Phänomens der junge Walter Benjamin erkannt, als er schon 1917 schrieb: »Deutscher und Jude stehen sich gleich den verwandten Extremen gegenüber.« Und vielleicht ist so falsch nicht, was Franz Kafka mit einer gelegentlichen Bemerkung andeuten wollte: »Juden und Deutsche haben vieles gemeinsam. Sie sind strebsam, tüchtig, fleißig und gründlich verhaßt bei den anderen. Juden und Deutsche sind Ausgestoßene.«

Sollte gar – möchte ich fragen – das gegenseitige Verhältnis der Deutschen und der Juden seinen tiefsten Ursprung in ihrer Unzufriedenheit mit sich selbst, in ihrem Leiden am eigenen Wesen haben, im Selbsthaß also der Deutschen, im Selbsthaß der Juden? Ich frage, aber ich wage nicht zu antworten.

Wie dem auch sei: Das Kapitel, von dem wir hier sprechen, ist überschaubar geworden und läßt sich zusammenfassen. Denn es ist abgeschlossen, endgültig und unwiderruflich, wie mir scheint. Noch einmal wurden wir in den sechziger Jahren des 20. Jahrhunderts an die immer wieder erstaunlichen und fast schon unheimlichen Möglichkeiten dieser deutsch-jüdischen Verbindung erinnert: Einige Philosophen – Theodor W.

Adorno und Max Horkheimer, Ernst Bloch und Herbert Marcuse und auch Georg Lukács – vermochten einen ungeahnten Einfluß auf das geistige Leben der Bundesrepublik, zumal der jungen Generation, auszuüben. Hierzu gehört auch der postume Einfluß solcher Denker und Essayisten wie Ludwig Wittgenstein und Walter Benjamin.
Auch sie folgten und folgen – ähnlich wie die Schriftsteller von Peter Weiss bis zu Wolf Biermann – der großen Tradition: Sie wirkten und wirken als jene Ruhestörer und Provokateure, die Deutschland immer gebraucht, meist geschätzt und nie geliebt hat. Denn »die Liebesaffäre der Juden mit den Deutschen« – sagte Gershom Scholem – »blieb, aufs Große gesehen, einseitig, unerwidert, und weckte im besten Fall etwas wie Rührung… und Dankbarkeit. Dankbarkeit haben die Juden nicht selten gefunden, die Liebe, die sie gesucht haben, so gut wie nie.«
Ja, so ist es. Die unerwiderte Liebe zum deutschen Geist hat viele dieser Schriftsteller geprägt: Lyriker wie Heine, Publizisten wie Maximilian Harden, Kritiker wie Alfred Kerr, Satiriker wie Karl Kraus, Feuilletonisten wie Kurt Tucholsky. Mußten sie Ruhestörer werden, weil ihre Liebe nicht erwidert wurde? Oder wurde ihre Liebe nicht erwidert, weil sie Ruhestörer waren? Wahrscheinlich gilt das eine ebenso wie das andere. Jedenfalls ist es ihnen nie gelungen, den »magischen Judenkreis«, über den sich schon Börne wunderte, zu überwinden.

Ich habe kein eigenes Land

Als ich 1994 gebeten wurde, in den Münchner Kammerspielen an der Veranstaltungsreihe »Reden über das eigene Land« teilzunehmen und einen Vortrag zu halten, folgte ich zwar der Einladung, war aber, wenn auch freiwillig, in einer sonderbaren, einer heiklen Situation: Ich mußte mit dem Geständnis beginnen, daß ich gar nicht habe, worüber ich reden sollte – ich habe kein eigenes Land, keine Heimat und kein Vaterland. Ein ganz und gar heimatloser Mensch, ein richtiger vaterlandsloser Geselle war und bin ich nun wieder auch nicht. Wie ist das zu verstehen?
Meine Eltern bereitete ihre Identität überhaupt keinen Kummer. Hätte Günter Grass oder ein anderer meinen Vater irgendwann gefragt, was er denn eigentlich sei – er wäre verblüfft gewesen: Er sei doch, hätte er gesagt, natürlich ein Jude und sonst nichts. Ebenso hätte ganz gewiß auch meine Mutter geantwortet. In Deutschland war sie aufgewachsen, in Preußen, genauer: im Grenzgebiet zwischen Schlesien und der Provinz Posen. Nach Polen war sie nur durch die Ehe geraten.
Über meine Vorfahren väterlicherseits weiß ich so gut wie nichts. Das liegt bestimmt nur an mir, denn mein Vater hätte mir ausführlich und gern Auskunft erteilt, hätte ich auch nur das geringste Interesse gezeigt. Ich weiß bloß, daß sein Vater ein erfolgreicher Kaufmann war, der es zu einigem Wohlstand gebracht hatte: Er besaß in Plozk ein stattliches Mietshaus. An der Erziehung seiner Kinder hat er nicht gespart. Eine Schwester meines Vaters wurde Zahnärztin, eine andere studierte am Warschauer Konservatorium Gesang. Sie wollte Opernsängerin werden, was ihr nicht recht gelungen ist – obwohl sie, immerhin, in Lodz als Butterfly auftreten durfte. Als sie kurz darauf heiratete, würdigten die stolzen Eltern den künstlerischen Erfolg ihrer Tochter, indem sie die Aussteuer,

zumal die Bettwäsche, mit gestickten Schmetterlingen verzieren ließen.

Ihre Vorfahren väterlicherseits waren seit Jahrhunderten allesamt Rabbiner. Über einige von ihnen kann man in größeren jüdischen Nachschlagebüchern allerlei erfahren, denn sie veröffentlichten wissenschaftliche Werke, die zu ihrer Zeit offenbar sehr geschätzt wurden. Sie beschäftigten sich weniger mit theologischen als mit juristischen Fragen – was übrigens bei den Juden gang und gäbe war: Die Rabbiner fungierten in früheren Zeiten keineswegs nur als Geistliche und Lehrer, sondern zugleich auch als Richter.

Obwohl von den fünf Brüdern meiner Mutter nur der älteste Rabbiner wurde – er versah sein Amt in Elbing, dann in Göttingen und schließlich, bis zu seiner Auswanderung unmittelbar vor dem Zweiten Weltkrieg, in Stuttgart –, kann man doch sagen, daß sie alle, emanzipiert und assimiliert, auf ihre Weise an der Familientradition festgehalten haben. Denn drei von ihnen wurden Rechtsanwälte, ein vierter Patentanwalt. Freilich war ihnen das Religiöse, wenn man von dem Ältesten, dem Rabbiner, absieht, beinahe gleichgültig geworden.

Und meine Mutter? Auch sie wollte von Religion nichts wissen, an Jüdischem war sie nur noch wenig interessiert. Trotz ihrer Herkunft? Nein, wohl eher wegen ihr. Ich glaube, daß sie mit der unmißverständlichen Abwendung von der geistigen Welt ihrer Jugend still und sanft gegen das rückständige Elternhaus protestierte. Das Polnische wiederum interessierte sie überhaupt nicht. Wenn ich ihr am 28. August zu ihrem Geburtstag gratulierte, wiederholte sie alljährlich die Frage, ob ich denn wisse, wer heute außerdem noch Geburtstag habe. Daß sie am selben Tag wie Goethe geboren worden war, wollte sie, vermute ich, gerne als Symbol verstehen.

Familie und erste Eindrücke

Aber auch das Erbe der väterlichen Familie war gewiß nicht ohne Einfluß. Während die Familie meiner Mutter eher intellektuell als musisch veranlagt war, stammte mein Vater aus einer musikalischen Familie. Er hat in seiner Jugend Violine gespielt, seine Schwester war Sängerin. Die Musik in meinem Elternhaus ging vornehmlich auf seine Initiative zurück.

Meine Mutter war nicht religiös, sie hatte kein Interesse an Glaubensfragen. Nicht ausgeschlossen, daß sich darin ein sanfter und stiller Protest gegen ihr Elternhaus – sie war ja die Tochter eines Rabbiners – verbarg. Ganz anders mein Vater: Er war kein frommer Mann, doch dem Judentum eng verbunden. Er war ein sehr bewußter Jude, der selbstverständlich an den hohen Feiertagen und auch am Sabbat in die Synagoge ging. Übrigens ist das nicht unbedingt ein religiöser Akt: Für die Juden ist die Synagoge nicht nur ein Gotteshaus, sondern zugleich der Ort, an dem man sich trifft. Sie spielt bisweilen – um es etwas schnoddrig auszudrücken – die Rolle eines Klubs: Man sucht sie auf, um mit Gleichgesinnten und nicht nur mit Gott zu reden. Meinen Vater hatte schon früh der Zionismus beeindruckt, gern erzählte er, daß er bei einem der ersten zionistischen Weltkongresse, in Basel Anfang des Jahrhunderts, mit dabei war. Aber unser Elternhaus war vollkommen assimiliert. Die Muttersprache meines Vaters war Polnisch, er sprach auch Russisch und Jiddisch und natürlich Deutsch. Die Muttersprache meiner Mutter war Deutsch, sie sprach bis zum Ende ihres Lebens nur schlecht Polnisch, doch ein sehr schönes und makelloses Deutsch.

Mit Zeitungen kann man dieses Elternhaus schon ein wenig charakterisieren. Zwei wurden regelmäßig abonniert: eine jüdische Zeitung in polnischer Sprache, die in hoher Auflage erschien, und das »Berliner Tageblatt«. Daß man auch das

»Berliner Tageblatt« abonnierte, das war keineswegs ungewöhnlich. Viele Juden in Polen, zumal jene, die aus den vor dem Ersten Weltkrieg zu Preußen oder zu Österreich gehörenden Teilen stammten, hatten eine enorme Schwäche für die deutsche Kultur. Sie fuhren gern von Zeit zu Zeit nach Berlin oder Wien, sie abonnierten deutsche Zeitungen und hatten in ihren Bücherschränken immer auch deutsche Bücher.

Włocławek liegt an der Weichsel, nicht weit von Thorn. Zwischen den beiden Städten, doch in der unmittelbaren Nachbarschaft von Włocławek, verlief bis zum Ende des Ersten Weltkriegs die deutsch-russische Grenze. In dieser Stadt wohnten in den zwanziger Jahren 60000 Menschen, davon etwa ein Viertel Juden. Es gab dort mehrere große Fabriken, drei Kinos und kein Theater. Übrigens war der Anteil der evangelischen Bevölkerung nicht klein, was insofern für mich bedeutsam wurde, als es dort eine evangelische, also deutschsprachige Volksschule gab. Zwei Jahre lang war ich Schüler dieser Schule. Gleich am Anfang entstand eine Komplikation. Ein Kinderfräulein, das mich betreuen sollte, hatte mir nebenher rasch das Lesen beigebracht. Schreiben hingegen konnte ich nicht, aber wir hatten in unserer Wohnung eine Schreibmaschine, und es fiel mir nicht schwer, Buchstaben zu tippen. Für meinen ersten Brief, es war vermutlich der kürzeste meines Lebens, habe ich tatsächlich die Schreibmaschine verwendet. Meine Mutter brachte mich also in diese deutsche Schule und sagte dem Schulleiter, daß ich zwar lesen, doch nicht schreiben könne. Er prüfte mich sofort und stellte fest, daß dies tatsächlich zutraf. Er sagte meiner Mutter: »Sie müssen sich jetzt entscheiden: Entweder geben wir ihn in die erste Klasse, wo er sich beim Leseunterricht natürlich langweilen wird, oder er geht gleich in die zweite Klasse, dann aber müßten Sie dafür sorgen, daß er zu Hause das Schreiben erlernt.« Meine Mutter entschied: »Gleich in die zweite Klasse. Ich habe eine ältere Tochter, die wird ihm das Schreiben schon beibringen. Das wird er schon erlernen.« Manche meiner Gegner meinen, ich hätte es bis heute nicht erlernt.

Ich bin nicht jüdisch-religiös erzogen worden, ich habe nie – weder damals noch später – Hebräisch oder Jiddisch gelernt. Was ich in meiner Jugend an Kenntnissen des Judentums vermittelt bekommen habe, verdanke ich – es klingt merkwürdig, aber so ist es – dem Religionsunterricht in einem preußischen Gymnasium.

Meine frühesten künstlerischen Eindrücke waren die musikalischen. Ich habe in meiner Kindheit ziemlich viel Musik mitbekommen. Meine ältere Schwester spielte Klavier, ich habe damals häufig Bach und, noch häufiger, Chopin gehört. Aber die wichtigsten Musikeindrücke hängen mit einem anderen Instrument zusammen: mit dem Grammophon.

Musik und Berlin

Wir hatten viele Platten, die mein Vater, ungleich musikalischer als meine Mutter, ausgesucht hatte. Neben populären symphonischen Werken, modern in seiner Jugend – von Griegs »Peer Gynt«-Suiten bis zu Rimskij-Korsakows »Scheherazade« –, waren es vor allem Opern: »Aida«, »Rigoletto« und »Traviata«, »Bohème«, »Tosca« und »Madame Butterfly«, »Bajazzo« und »Cavalleria Rusticana«. Es gab auch eine Wagner-Platte, eine einzige: Lohengrins Gralserzählung. Ich wurde nicht müde, immer wieder dieselben Arien, Duette und Ouvertüren zu hören. Aus dieser Zeit stammen meine leise Abneigung gegen Grieg und Rimskij-Korsakow und meine unverwüstliche Liebe zur italienischen Oper, zu Verdi vor allem, aber auch zu Puccini, dem ich bis heute die Treue gehalten habe.

Im Frühjahr 1929 passierte in unserer Familie allerlei, was ich wahrnahm, ohne es verstehen zu können. Ich sah die Tränen meiner Mutter und die Hilflosigkeit meines Vaters, ich hörte sie jammern und klagen. Ihre Aufregung und Verzweiflung wurden von Tag zu Tag größer. Uns allen – das spürte auch das Kind – stand ein schreckliches Unheil bevor. Die Katastrophe ließ denn auch nicht lange auf sich warten. Sie hatte zwei Gründe: die große Wirtschaftskrise und meines Vaters Mentalität. Er war solide und anspruchslos, gütig und liebenswert. Nur hatte er leider den falschen Beruf gewählt, denn von kaufmännischen Fähigkeiten konnte bei ihm nicht die Rede sein: Er war ein Geschäftsmann und Unternehmer, dessen Geschäfte und Unternehmungen in der Regel wenig oder nichts einbrachten. Natürlich hätte er dies früher oder später einsehen sollen, er hätte sich nach einer anderen Tätigkeit umschauen müssen. Aber hierzu fehlte ihm jegliche Initiative. Fleiß und Energie gehörten nicht zu seinen Tugenden. Charakterschwäche und Passivität bestimmten auf unglückselige Weise seinen Lebensweg.

Kurz nach dem Ersten Weltkrieg hatte er in Włocławek – wahrscheinlich mit dem Geld seines Vaters – eine Firma gegründet, eine kleine Fabrik, in der Baumaterialien produziert wurden. Er bezeichnete sich gern als »Industrieller«. Doch in den späten zwanziger Jahren hat man in Polen immer weniger gebaut, der Bankrott der Firma ließ sich nicht mehr vermeiden. Das war damals nicht ungewöhnlich, was freilich meine Mutter nicht trösten konnte: Hätte ihr Mann, pflegte sie zu sagen, Särge hergestellt, dann würden die Menschen aufhören zu sterben.

Sie hat damals sehr gelitten. Sie schämte sich, auf die Straße zu gehen, denn sie rechnete mit höhnischen oder verächtlichen Blicken der Nachbarn und Bekannten. Vermutlich waren es übertriebene Befürchtungen, zumal sich meine Mutter in der Stadt großer Beliebtheit erfreute: Man schätzte ihr ruhiges, ja nobles Wesen, das man auf ihre Herkunft aus der Welt der deutschen Kultur zurückführte. Aber es mag sein, daß sie mehr als die Verachtung der Mitbürger deren Mitleid fürchtete.

An der ganzen Katastrophe war sie, versteht sich, unschuldig: Daß sie auf die erschreckende Untüchtigkeit ihres Mannes keinerlei Einfluß hatte, konnte ihr niemand vorwerfen. Doch sicher ist: So viele Vorzüge meine Mutter auch hatte, sie war – in dieser Hinsicht meinem Vater nicht unähnlich – vollkommen unpraktisch. Gewiß fiel es ihr sehr schwer, zu tun, was getan werden mußte, um die schlimmsten Folgen des Bankrotts zu verhüten und so die Familie zu retten: Geld mußte beschafft werden. Es gab nur eine einzige Möglichkeit: Zu ihren in Berlin lebenden Brüdern gehörte ein besonders erfolgreicher Rechtsanwalt, der auch der Wohlhabendste in der ganzen Familie war. Sie mußte sich überwinden und die-

sen Bruder, Jacob, anrufen. Sie mußte ihn beschwören, telegraphisch eine beträchtliche Geldsumme zu überweisen. Er hat die Hilfe, um die er gebeten wurde, nicht verweigert.
Was sich damals rings um mich abspielte, konnte ich, kaum neun Jahre alt, natürlich nicht begreifen. Dennoch habe ich es gespürt: Zuviel wurde in unserer Wohnung, auch in meiner Gegenwart, geweint, als daß mir die Familienkatastrophe hätte entgehen können. Das Scheitern meines Vaters, kläglich und erbärmlich zugleich, warf einen düsteren Schatten nicht nur auf meine Jugend. Doch dies hatte weniger mit dem Absturz selber zu tun als mit dessen ökonomischen Folgen: Als Halbwüchsiger sah ich sehr genau die Abhängigkeit meiner Eltern von jenen Verwandten, die ihnen halfen. Die Furcht, ich selber könnte je in eine solche demütigende Abhängigkeit geraten, hat noch viele Jahre lang auf manche meiner Lebensentscheidungen einen starken Einfluß gehabt.
Aber vorerst bewirkte diese Katastrophe eine für mich überaus günstige Wende. Denn unter dramatischen und fatalen Begleitumständen ging der alte Traum meiner Mutter unerwartet in Erfüllung: Da an die Zukunft unserer Familie an Ort und Stelle nicht zu denken war, wurde die Übersiedlung nach Berlin beschlossen und vorbereitet. Dort würde sich, hofften meine Eltern, eine neue Existenz gründen lassen, wobei, wie sich später zeigte, konkrete Vorstellungen von der künftigen beruflichen Tätigkeit meines Vaters noch gar nicht vorhanden waren. Ich wurde als erster nach Berlin geschickt, um mit der Familie des wohlhabenden Onkel Jacob – es gab dort drei Kinder ungefähr in meinem Alter – den Sommer zu verbringen, in Westerland auf Sylt.
Doch vor der Reise hatte ich mich, so glaubte meine Mutter, unbedingt von meiner bisherigen Lehrerin zu verabschieden. Worüber sich die beiden Damen damals unterhielten, weiß ich nicht mehr, vermutlich über das Buch von Remarque. Aber

das Wort, das mir meine Lehrerin auf den Weg gab, habe ich nie vergessen. Denn das Fräulein Laura mit dem wogenden Busen richtete den Blick in die Ferne und verkündete ernst und feierlich: »Du fährst, mein Sohn, in das Land der Kultur.« Zwar habe ich nicht verstanden, worum es ging, doch fiel mir auf, daß meine Mutter zustimmend nickte.

Am nächsten Tag saß ich, betreut von einem Bekannten meiner Eltern, der ebenfalls gen Westen fuhr, im Zug nach Berlin. Sonderbar: Ich hatte keine Angst vor dem, was meiner in der fremden Stadt harrte, und auch keine Angst vor den Angehörigen, die ich doch überhaupt nicht kannte. War es kindlicher Leichtsinn und Mangel an Phantasie? Vielleicht, nur kam da, vermute ich, noch etwas hinzu. Über die Stadt, der ich mich nun ungeduldig näherte, hatte ich schon allerlei gehört: Angeblich fuhren dort die Züge unter der Erde oder über den Häusern, dort verkehrten, hatte man mir erzählt, Autobusse mit Sitzbänken auf dem Dach, es gab dort Treppen, die sich pausenlos bewegten, so daß man nur auf ihnen zu stehen brauchte, um nach oben oder nach unten zu kommen.

Der Weg war weit, erst abends würde ich in jener Märchenwelt anlangen, die mir meine Eltern ausgemalt, in jenem Traumland, das sie mir versprochen hatten. Neugierig wartete ich auf das Ende der Bahnfahrt – und diese Neugierde war es, die alle Bedenken und Befürchtungen verdrängte. So dachte ich, vor Erregung fiebernd, an das Wunder, das ich zu erleben hoffte – das Wunder Berlin.

Am Bahnhof Zoologischer Garten nahm mich eine dunkelhaarige, elegante Dame im Alter von etwa vierzig Jahren in Empfang. Es war die Tante Else, die Ehefrau von Onkel Jacob. Spät muß es gewesen sein, denn als wir in der Wohnung ankamen, waren meine beiden Vettern und die Cousine nicht zu sehen, sie schliefen schon, der Onkel war auch nicht da. So saß ich an dem runden, großen Eßtisch, der wohl für zehn, wenn nicht für zwölf Personen gereicht hätte, allein mit der Tante. Doch gab es noch jemanden im Zimmer: Eine anmutige, adrett ausschauende junge Frau; sie trug ein schwarzes Kleid mit einer weißen Schürze und – zu meiner Verblüffung – auch noch weiße Glacéhandschuhen. Schweigsam und würdevoll servierte sie das Abendessen. Alles war hier überaus vornehm. Von dieser mir fremden Welt verständlicherweise eingeschüchtert, antwortete ich auf die mir gestellten Fragen ängstlich und nur einsilbig. So breitete sich bald eine beklemmende Stille aus.

Natürlich konnte ich nicht wissen, was sich dahinter verbarg. Aber sehr bald spürte ich, daß der bemühte, der angestrengte Stil dieses Hauses unecht war. Hier herrschte eine ausgesprochene Künstlichkeit, kalt und feierlich. Der Onkel Jacob, der doch aus ärmlichen Verhältnissen stammte, war ein tüchtiger, ein beinahe prominenter Rechtsanwalt und Notar, ein höchst ehrgeiziger Emporkömmling, stolz auf seine in der Tat beträchtlichen Erfolge. Auch seinen Brüdern ging es gut, auch sie lebten im Wohlstand. Doch nur ihm war daran gelegen, seinen gesellschaftlichen Aufstieg mit allem Nachdruck zu demonstrieren. Er brauchte Statussymbole, er war auf sie geradezu erpicht und angewiesen. Die Pracht der Gründerzeit entsprach seinem Geschmack, ihm imponierte der Pomp der Jahrhundertwende.

Daß ihm das Reiten Spaß machte, kann ich mir nicht vorstellen. Gleichwohl gehörten zu seinem Hausstand zwei schöne, angeblich besonders wertvolle Reitpferde; das eine hieß »Avanti«, das andere bezeichnenderweise »Aristokrat«. Jeden Morgen pflegte er zusammen mit seiner Frau zu reiten – im nahe gelegenen Tiergarten, wie es sich schickte. Aristokratisch war auch, zumindest seiner Ansicht nach, die Gegend, in der er sich niedergelassen hatte: Die Familie, die mich, den Sohn des verkrachten Kaufmanns aus der polnischen Kleinstadt, gütig aufgenommen hatte, wohnte nicht etwa in einem der schönen Stadtteile im Westen Berlins, nicht in Dahlem oder in Grunewald, sondern in der Roonstraße, gleich neben dem Reichstag. Gelegentlich wurden wir Kinder darauf hingewiesen, daß in der unmittelbaren Nachbarschaft eine Zeitlang Bismarck residiert habe.

In der für meine Begriffe kolossalen Wohnung erstaunte mich ein exotisch anmutender und mit Pflanzen aller Art überladener Raum. Das war, wie man mir erklärte, der Wintergarten. In diesem Raum war fortwährend ein leises Plätschern zu hören. Denn es befand sich dort in einem Winkel ein hellblauer, gar nicht kleiner und unaufhörlich sprudelnder Springbrunnen. Zwischen dem Speisezimmer und dem Salon, der Musikzimmer genannt wurde, gab es zwei vom Fußboden bis zur Decke reichende Marmorsäulen. An der Wand dieses Zimmers hing zwischen vielen anderen Gemälden auch ein Bild, das ein auf dem Boden liegendes, orientalisch gekleidetes Weib zeigte. Es schaute sehnsüchtig und herausfordernd auf das Gesicht eines Mannes, dessen Kopf auf einem silbernen Tablett lag. Später hat mich einer meiner Cousins nicht ohne Stolz belehrt: »Das ist die Mammi als Salome.« Die Tante Else war, bevor sie den Bruder meiner Mutter heiratete, in ihrer Geburtsstadt Köln Schauspielerin gewesen. Damit mochte es zusammenhängen, daß in dieser Wohnung alles theatralisch anmutete.

An jenem ersten Abend in Berlin, da ich allein mit der Tante an dem mächtigen Tisch saß, bekam ich auch ein weiches Ei. Kaum hatte ich es gegessen, da nahm die Tante die Eierschale, blickte hinein und stellte fest, womit sie offenbar gerechnet hatte – daß da noch etwas geblieben war. Sie belehrte mich knapp und streng: »So ißt man Eier in Deutschland nicht.« Damals habe ich wohl zum ersten Mal in meinem Leben das Wort »Deutschland« gehört – und es klang nicht gerade freundlich.

Bald lag ich im Bett und weinte bitterlich. Weil ich einsam und übermüdet war? Weil mich die Tante Else schroff behandelt und mir einen heftigen Schrecken versetzt hatte? Gewiß, aber noch mehr fürchtete ich ein großes Ölgemälde, das über meinem Bett hing. Unheimlich kam es mir vor und schauderhaft. Es war die Kopie eines in jenen Jahren so geschätzten wie beliebten Bildes: Arnold Böcklins »Triton und Nereide«.

Am nächsten Morgen frühstückte ich zusammen mit meinen beiden Vettern und der Cousine. Dann machten wir, von einem dürren Kinderfräulein angeführt, einen Spaziergang. Es ging in den Tiergarten, doch vorher konnten wir auf Stufen herumspringen und, um eine schöne Säule rennend, einander jagen. Es handelte sich um die Stufen des Reichstags und um die damals vor dem Reichstag stehende Siegessäule. So sahen meine frühesten Kontakte mit dem Preußischen aus. Noch konnte ich nicht ahnen, daß Preußisches mich mein ganzes Leben hindurch zwar nicht gerade prägen, aber doch begleiten sollte: Kleist vor allem und Fontane und auch Schinkel.

Vorerst blieb ich nicht lange in Berlin, denn bald ging es mit der ganzen Familie in die Ferien – nach Westerland. Mit uns fuhren das Kinderfräulein, die Köchin, das Zimmermädchen und, versteht sich, die beiden Reitpferde. Mitgenommen wurden viele, viele Koffer, Schrankkoffer zumal. Für mich war der Aufenthalt auf Sylt sehr nützlich. Denn als wenige Monate später meine Mutter nach Berlin kam und mich polnisch ansprach, antwortete ich ihr deutsch. Ich konnte nach kurzer Zeit schon viel besser Deutsch als Polnisch. Aber sie fand meine Sprachkenntnisse dennoch ungenügend – und sie hatte recht. Ich mußte ihr täglich mindestens eine halbe Stunde vorlesen, leider aus einem Buch, das mir jemand geschenkt hatte, dem ich aber nichts abgewinnen konnte. Es war ein damals populäres Reisebuch, »Ein Bummel um die Welt«, des Berliner Journalisten Richard Katz.

Ich habe also laut gelesen und leise gelitten, dann aber immer kräftiger gestöhnt und geschimpft. Meine Mutter versuchte mich zu beruhigen: »Warte, warte, es wird noch der Tag kommen, da wirst du gern und freiwillig deutsche Bücher lesen.« Ich schrie: »Nein, niemals!« Wie man sieht, habe ich mich damals doch geirrt. Denn wenn man es recht bedenkt, habe ich den weitaus größten Teil meines Lebens damit verbracht, deutsche Bücher zu lesen, allerdings nicht immer freiwillig. Aber vielleicht ist dieser Richard Katz schuld daran, daß ich mich später, von seltenen Ausnahmen abgesehen, nie sonderlich für Reisebücher erwärmen konnte.

Der Onkel, das Oberhaupt der Familie, hatte uns in der armseligen Wohnung meines Großvaters, des längst emeritierten Rabbiners Mannheim Auerbach, untergebracht – unweit des Bahnhofs Charlottenburg. Schon nach zwei oder drei Wochen in der neuen Umgebung – man schrieb immer noch das Jahr 1929 – wurde ich eingeschult. Während die Kinder von Onkel Jacob und Tante Else nicht etwa eine Volksschule besuchten, sondern, wie in vornehmen Familien üblich, von einem ins Haus kommenden Privatlehrer unterrichtet wurden, konnte davon in meinem Fall nicht die Rede sein – aus finanziellen Gründen. Als meine Mutter mich an meinem ersten Berliner Schultag abholte, sah sie Tränen in meinen Augen. Nein, man hatte mir in der Volksschule in Berlin-Charlottenburg, Witzlebenstraße, nichts angetan. Nur war ich Zeuge eines kleinen, mir bisher unbekannten Vorfalls gewesen.

Ein Schüler, der etwas ausgefressen hatte, wurde von unserem Lehrer, Herrn Wolf, nach vorne gerufen. Sogleich war ein kurzes Kommando zu hören: »Bück dich!« Der kleine Missetäter befolgte es gehorsam und ruckartig – und bekam mit einem Rohrstock, der zu diesem Zweck in der Ecke des Klassenzimmers gestanden hatte, einige kräftige Hiebe. Dann durfte das weinende Kind auf seinen Platz zurückkehren. Es war, wie ich mich später überzeugen konnte, ein ganz alltäglicher Vorfall: Niemand in der Klasse war verwundert oder gar erschrocken – bloß ich, der Fremdling. Denn in Polen hatte ich derartiges noch nie erlebt.

Mit der Übersiedlung nach Berlin begann ein neuer Abschnitt meines Lebens, wohl der entscheidende. Über der unsichtbaren Pforte zu diesem Kapitel gab es also drei Inschriften, drei Losungen: Fräulein Lauras so sehnsüchtige wie freundliche Vision vom Land der Kultur, Tante Elses strenge Mahnung zur deutschen Ordnung und die Züchtigung, die der Lehrer Wolf sachlich und energisch vorgenommen hatte. Recht so, Zucht und Ordnung mußten sein. Doch wie war das möglich: Im Land der Kultur wurden Kinder von ihren Erziehern mit einem Rohrstock geprügelt. Da konnte etwas nicht stimmen.

Nein, ich habe diesen Widerspruch damals natürlich nicht verstanden, nicht einmal geahnt. Nur habe ich an meinem ersten Schultag in Deutschland gleich etwas zu spüren bekommen, was ich nie ganz überwinden konnte, was mich ein Leben lang begleitete. Begleitete? Nein, sagen wir lieber: begleitet. Ich meine die Angst – vor dem deutschen Rohrstock, dem deutschen Konzentrationslager, der deutschen Gaskammer, kurz: vor der deutschen Barbarei. Und die deutsche Kultur, die mir das Fräulein Laura so nachdrücklich und schwärmerisch angekündigt hatte? Auch sie ließ nicht lange auf sich warten. Ziemlich schnell geriet ich in den Bann der deutschen Literatur, der deutschen Musik. Zu der Angst kam also das Glück hinzu – zur Angst vor dem Deutschen das Glück, das ich dem Deutschen verdankte. Auch hier ist das Präsens durchaus angebracht, also: verdanke, immer noch verdanke.

In der Charlottenburger Volksschule erging es mir nicht so schlecht: Ich wurde weder geprügelt noch schikaniert. Aber ganz einfach war es nun doch nicht. Indes haben mir nicht die Lehrer den Alltag erschwert, sondern die Mitschüler. Sie sahen in mir – und verwunderlich war das nicht – den Ausländer, den Fremden. Ich war etwas anders gekleidet, ich kannte ihre Spiele und Scherze nicht, noch nicht. Also war ich isoliert. Schlichter ausgedrückt: Ich gehörte nicht dazu.

Alles in dieser Schule war mir neu, auch der simple Umstand, daß in der ersten Deutschstunde von einem der Jungen – es war der Vertrauensmann der Klasse – auf Weisung des Lehrers einem an der Wand hängenden Schrank eine größere Zahl von Büchern entnommen und verteilt wurde. Jeder Schüler erhielt ein Exemplar, aus dem er dann etwa eine halbe Seite vorlesen mußte. Ich schaffte das einigermaßen, aber das Buch begeisterte mich nicht, mit dem Autor konnte ich nicht viel anfangen – und kann es bis heute nicht. Es handelte sich um Peter Roseggers »Als ich noch der Waldbauernbub war«. Böcklin und Rosegger – so gut meinte es das Leben mit mir nun doch nicht.

Im Frühjahr 1930 sollte ich ins Gymnasium, und zwar ins Werner-von-Siemens-Realgymnasium in Berlin-Schöneberg. Denn wir wohnten inzwischen in diesem Stadtteil, nicht weit vom Bayerischen Platz. Da ich in der Volksschule nur vier Monate gewesen war, gehörte ich zu jenen Schülern, die eine Aufnahmeprüfung bestehen mußten: Deutsch und Rechnen, erst eine schriftliche und dann eine mündliche Prüfung. Um elf Uhr sollte mich meine Mutter abholen. Aber ich wartete schon ab zehn Uhr vor dem Schulgebäude in der Hohenstaufenstraße, geduldig und in bester Laune. Denn ich hatte die schriftliche Prüfung so gut bestanden, daß ich von der mündlichen befreit worden war. Meine Mutter war stolz auf mich.

Die großzügige Belohnung ließ nicht auf sich warten: Erst bekam ich in der gegenüberliegenden Konditorei einen Kuchen und überdies durfte ich mit meinem Vater in einen Zirkus gehen – es war der berühmte Zirkus Sarrasani, der gerade in Berlin gastierte, ich glaube, auf dem Tempelhofer Feld. Es hat mir schon gefallen, aber das nächste Mal war ich in einem Zirkus erst wieder ein Vierteljahrhundert später – im Sowjetischen Staatszirkus, der 1955 in Warschau auftrat. Diesmal wollte ich meinem damals sechsjährigen Sohn eine Freude bereiten.

Weder 1930 noch 1955 konnte ich allerdings voraussehen,

daß ich einst dem Zirkus einen ungewöhnlichen Erfolg verdanken sollte. Im September 1968 brachte der »Spiegel« eine Rezension des Films »Die Artisten in der Zirkuskuppel: ratlos«. In diesem Film von Alexander Kluge hätte ich, konnte man lesen, den Direktor des sowjetischen Staatszirkus »sehr überzeugend« verkörpert. Ich war glücklich, denn selten geschieht es, daß ein Anfänger der Schauspielkunst von der »Spiegel«-Kritik so vorbehaltlos gelobt wird. Allerdings wußte ich gar nicht, daß ich je jemanden verkörpert hatte, weder auf der Leinwand noch sonstwo. Erfreulicherweise konnte man aber gleich erfahren, wie es zu der schauspielerischen Leistung gekommen war: Kluge hatte im Frühjahr 1968 eine Schriftsteller-Tagung (nämlich der »Gruppe 47« in dem Gasthof »Pulvermühle« im Frankenland) gefilmt und diese Aufnahmen für sein damals vieldiskutiertes Werk »Die Artisten in der Zirkuskuppel: ratlos« verwendet: Den Ton weglassend, hatte er die Tagung der »Gruppe 47« als einen Kongreß von Zirkusdirektoren ausgegeben. In späteren Jahren hat man mir mitunter tatsächlich kleine Filmrollen angeboten. Offenbar versprach man sich davon einen besonderen Jux, denn meist sollte ich einen Kritiker spielen. Ich habe diese Angebote stets abgelehnt, bisweilen mit der aufrichtigen Begründung, daß es mir ohnehin Mühe genug bereite, im Leben, im literarischen, versteht sich, einen Kritiker wirklich »überzeugend« zu mimen.

Meine Gymnasialzeit begann mit einer geringfügigen Unannehmlichkeit, die ich, obwohl sie kaum erwähnenswert ist, bis heute nicht vergessen habe. In der ersten Unterrichtsstunde wurden wir Sextaner alle in alphabetischer Reihenfolge aufgerufen: Jeder sollte sein Geburtsdatum und seinen Geburtsort nennen. Alles lief reibungslos ab – bis ich an der Reihe war. Das Datum akzeptierte der Lehrer, ohne sich zu wundern, aber der Ort, den ich nannte, belustigte ihn. Da gab es also in der Klasse einen Schüler, der in einer irgendwo gelegenen, einer fernen, schlimmer noch, in einer unaussprechbaren Stadt geboren war. Der Lehrer versuchte diesen sonderbaren Stadtnamen »Włocławek« allen Schwierigkeiten zum Trotz doch auszusprechen. Die ganze Klasse lachte schallend – und je lauter sie lachte, desto mehr bemühte er sich, sie mit neuen Fassungen zu amüsieren: von »Lutzlawiek« bis »Wutzlawatzek«.

Wie beneidete ich damals meine Mitschüler, die in Berlin geboren waren, in Breslau oder in Eberswalde. Ich ballte meine Faust, wenn auch in der Hosentasche – und ich sagte etwas Freches. Dafür bekam ich eine kräftige Ohrfeige. Ja, in preußischen Gymnasien wurde man vom Lehrer geohrfeigt, nicht nur in der Sexta, sondern mit Sicherheit auch noch in der Quinta. Nach dieser Ohrfeige, die meine Mitschüler als ganz normal, vielleicht sogar als gerecht empfanden, schwor ich Rache. Ich wußte ja: Wollte ich integriert und sogar geachtet werden, mußte ich mich durch Leistungen im Unterricht auszeichnen. Das war nicht so einfach: Denn ich war bis dahin ein nur mittelmäßiger Schüler.

Aber ich wurde nun – und dabei mag Trotz eine gewisse Rolle gespielt haben – der Beste in einem Fach, das zunächst Rechnen und wenig später Mathematik hieß. Vielleicht hat diese Zeit doch Spuren hinterlassen. Denn mein Sohn wurde Mathematiker und ein sehr guter überdies. Er ist Professor an der University of Edinburgh, und seine Werke erscheinen in den vorzüglichsten internationalen Verlagen. Sie wurden auch mehrfach preisgekrönt. Aber leider bin ich nicht imstande, sie zu lesen, geschweige denn zu verstehen.

Lange dauerte meine Liebe zur Mathematik nicht. Als ich dreizehn oder vierzehn Jahre alt war, vernachlässigte ich das Fach und die meisten anderen ebenfalls. Ein anderes Fach, ein einziges, hatte es mir inzwischen angetan – ein Fach übrigens,

das mir für die Rache an jenen Mitschülern, die mich verspotteten, noch viel besser geeignet schien als die Mathematik. Ja, ich rächte mich, ich wurde nun und blieb bis zum Abitur der beste Deutschschüler der Klasse.
Aus Trotz? Das mag zutreffen, aber so ganz richtig ist es natürlich nicht.
Da gab es noch einen anderen Faktor, da hat noch ein anderes Motiv mitgewirkt – und es läßt sich kaum überschätzen: Das Lesen von Geschichten, von Romanen und sehr bald auch von Theaterstücken machte mir immer mehr Spaß. Und ehe ich mich's versah, da war's um mich geschehn. Ich war glücklich – wohl zum ersten Mal in meinem Leben. Ein extremes, ein unheimliches Gefühl hatte mich befallen und überwältigt. Ja, ich war verliebt. Halb zog sie mich, halb sank ich hin – ich war verliebt in sie, die Literatur.

»Seelisch verwendbar«

Zunächst las ich, den meist nur beiläufigen Hinweisen und gelegentlichen Ratschlägen unserer Lehrer folgend, die gleichen Bücher wie meine Mitschüler. Auch ich hatte, schon sehr früh, eine Zeit, in der mich populäre historische Romane interessierten – der Bestseller »Ben Hur« des Engländers Wallace also und »Quo Vadis« des polnischen Nobelpreisträgers Henryk Sienkiewicz, »Der Löwe von Flandern« des Flamen Conscience und »Die letzten Tage von Pompeji« des Engländers Bulwer-Lytton.
Ferner las ich, respektvoll und doch ein wenig gelangweilt, Coopers »Lederstrumpf«-Romane. Eine Weile lang regten auch mich die Bücher jenes deutschen Autors auf, der sich nicht genierte, die billigsten Mittel zu verwenden, der vor keinen Primitivismen, vor keinen Sentimentalitäten zurückschreckte und der dennoch ein beachtlicher, ein erstaunlicher Erzähler war – ich meine Karl May.
Aber nach der Lektüre einiger dieser grünen Bände wollte ich nichts mehr von ihm wissen – vielleicht deshalb, weil sein Held, Old Shatterhand, mir doch zu stark und mutig war und überdies noch auf gar zu vorbildliche Weise selbstlos. Mehr noch: Er war, was uns Berliner Schülern besonders verächtlich vorkam – ein unerträglicher Wichtigtuer, ein großer Angeber.
»Und es mag am deutschen Wesen / Einmal noch die Welt genesen« – diese Verse des inzwischen vergessenen Emanuel Geibel kannte ich damals bestimmt nicht. Doch ging es mir schon auf die Nerven, daß es immer ein Deutscher war, der in Karl Mays Romanen die Bedrängten heldenhaft rettete und die Bösewichter behandelte, wie sie es verdienten, der für Ordnung und Gerechtigkeit sorgte – wenn nicht mit der bloßen, mit der eisernen Faust, dann doch mit einer ungewöhnlichen Waffe, einer wahren Wunderwaffe.

Im Januar 1967 diskutierte ich in Tübingen mit dem alten Ernst Bloch – es war eine Aufzeichnung für den Rundfunk – über allerlei, und bald kam Bloch, wie nicht anders zu erwarten war, auf den von ihm bewunderten Karl May zu sprechen. Er sei einer der spannendsten und farbigsten Erzähler der deutschen Literatur. Ich erlaubte mir, vorsichtig zu protestieren und vor allem den doch dürftigen Stil des »Winnetou«-Autors zu beanstanden. Bloch war da anderer Ansicht: Hier sei, meinte er, die Sprache des Erzählers seinem Stoff, seinen Figuren und Motiven vollkommen angemessen. Das aber schien mir eine nicht unbedingt lobende, eine etwas zweideutige Äußerung – und ich widersprach nicht mehr.
Auch die als besonders empfehlenswert geltenden deutschen historischen Romane aus dem 19. Jahrhundert zeichneten sich durch eine auffallend patriotische Tendenz aus – so Scheffels melodramatischer »Ekkehard«, so die wackeren, die bemühten »Ahnen« Gustav Freytags oder der Roman »Ein Kampf um Rom« von Felix Dahn, ein mit Kontrasteffekten glänzend operierendes Riesenfresko, dessen Figuren sich mir, gewiß nicht zufällig, am stärksten eingeprägt haben. Doch nicht der tollkühne, der stets an der Spitze seines Heeres heroisch kämpfende Belisar beeindruckte mich in Dahns Roman, sondern der körperlich schwache und gelähmte, der meist in einer Sänfte getragene Feldherr Narses, ein Stratege, der allen anderen hoch überlegen ist.
Aber ich habe alle diese Bücher mit gemischten Gefühlen gelesen, jedenfalls ohne Enthusiasmus. Die Welt der Recken und Ritter, der Helden und Haudegen, der so mächtigen Könige und der so mutigen Kämpfer von meist eher schlichter Geistesart – diese Welt war die meinige nicht. Ein ganz anderes Buch hatte mich damals begeistert: Erich Kästners »Emil und die Detektive«, ein »Roman für Kinder«.
Zu seinen Lebzeiten schrieb ich mehr als einmal und wohl

etwas trotzig, Kästner, dieser Sänger der kleinen Freiheit, dieser Dichter der kleinen Leute, gehöre zu den Klassikern der deutschen Literatur des 20. Jahrhunderts. Habe ich zu dick aufgetragen? Ich weiß schon: Seine Romane, auch der wichtigste, »Fabian«, sind längst verblaßt, wenn nicht vergessen. Für die Bühne ist ihm nichts geglückt. Seine Aufsätze waren meist nützlich, aber es sind nur Gelegenheitsarbeiten ohne sonderliche Bedeutung. Was bleibt? Mit Sicherheit gar nicht so wenige seiner Gedichte und vielleicht noch das eine oder andere von seinen Büchern für Kinder.

Emil Tischbein und sein Freund Gustav mit der Hupe – sie standen mir ungleich näher als der rote Gentleman Winnetou und der edle Schläger Old Shatterhand, als die um Rom kämpfenden Feldherrn Cethegus, Narses und Belisar. Diese Geschichte von den Berliner Kindern, denen es gelingt, den Dieb zu fassen, den Bösewicht, der den Emil in der Eisenbahn bestohlen hat, die ähnlich wie Old Shatterhand dafür sorgen, daß die Gerechtigkeit ihren Lauf nehmen kann und daß die Ordnung wiederhergestellt wird – sie ist nicht ganz frei vom Rührseligen, wohl aber, anders als bei Karl May, frei vom Exotischen, vom Pathetischen und vom Bombastischen. Was Kästner erzählte, spielte sich nicht in fernen Zeiten und Ländern ab, es passierte hier und heute: auf Berliner Straßen und Höfen, also dort, wo wir uns auskannten. Die Personen, die hier auftraten, sprachen wie wir alle, die wir in der Großstadt aufwuchsen. Das ist es: Die Glaubwürdigkeit dieses Buches und somit auch sein Erfolg beruhten vor allem auf der Authentizität der Alltagssprache.

Die etwas später geschriebenen Kinderromane von Kästner, vor allem »Pünktchen und Anton«, haben mir ebenfalls gefallen, ohne mich ebenso stark zu beeindrucken. Sein Name freilich war bald nicht mehr zu hören. Als am 10. Mai 1933 auf dem Platz vor der Berliner Staatsoper auch seine Bücher verbrannt wurden, stand er inmitten der vielen Menschen, die Zeuge des in der Neuzeit einzigartigen Schauspiels sein wollten. Gleichwohl blieb er in Deutschland. Wenn aber in manchen Nachschlagebüchern der deutschen Exilliteratur Kästner als Emigrant angeführt wird, so hat dies, obwohl falsch, dennoch seine Ordnung: In der Zeit von 1933 bis 1945 hatte er, der Mann zwischen den Stühlen, sich klar entschieden. Nicht er war emigriert, doch waren es seine Bücher – sie konnten damals nur in der Schweiz erscheinen. Erich Kästner war Deutschlands Exilschriftsteller honoris causa.

So kamen mir seine Schriften in jenen Jahren nur selten in die Hände. Es gab sie nun weder in den Stadtbibliotheken noch in den Buchhandlungen; freilich konnte man sie in manchen Antiquariaten für ein paar Pfennige erstehen: Die jetzt unwillkommenen Titel wurden unter der Hand verramscht. Doch las ich Kästner nicht mehr, ich war ihm, glaubte ich, mittlerweile entwachsen, auch seinen Gedichten. Vergessen konnte ich ihn allerdings nicht.

Daß die Zeit meiner Zuneigung im Grunde nichts anhaben konnte, zeigte sich überraschend einige Jahre später – im Warschauer Getto. Ich hatte einen Bekannten besucht, von dem ich irgend etwas brauchte. Bei ihm fand ich, womit ich nicht gerechnet hatte: deutsche Bücher. Plötzlich fiel mir ein kleiner, schmucker Band auf: »Doktor Erich Kästners Lyrische Hausapotheke«, 1936 in Zürich veröffentlicht. Sofort las ich das Gedicht, das die Sammlung eröffnet: das »Eisenbahngleichnis«. Es beginnt: »Wir sitzen alle im gleichen Zug / und reisen quer durch die Zeit.« Und es endet: »Wir sitzen alle im gleichen Zug. / Und viele im falschen Coupé.«

Ich wollte dieses Buch unbedingt haben, ich hätte es mir sofort gekauft, wenn dies nur möglich gewesen wäre. Nein, erwerben konnte ich den Band nicht, er ließ sich auch in keinem Antiquariat im Getto finden. Immerhin bekam ich ihn gelie-

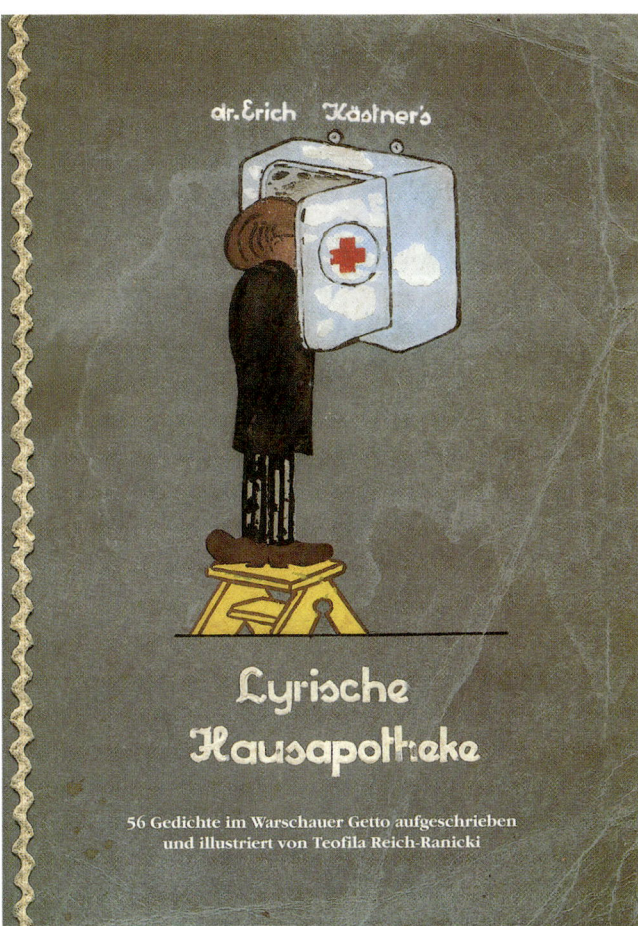

hen – für eine begrenzte Zeit, versteht sich. Ein Mädchen, das Teofila hieß, aber Tosia genannt wurde und von dem hier noch mehr als einmal die Rede sein wird – Tosia also hat Kästners »Lyrische Hausapotheke« für mich von Hand kopiert. Sie hat die Gedichte auch illustriert und schließlich die Blätter sorgfältig geheftet. Das so entstandene Buch erhielt ich zu meinem einundzwanzigsten Geburtstag – am 2. Juni 1941 im Warschauer Getto. War mir je ein schöneres Geschenk zugedacht worden? Ich bin nicht sicher. Doch nie habe ich eins bekommen, auf das mehr Mühe verwendet wurde – und mehr Liebe.

Da saßen wir also zusammen, Tosia und ich, und langsam und nachdenklich lasen wir in dunkler Nacht und bei kümmerlicher Beleuchtung diese deutschen Verse, die sie für mich abgeschrieben hatte. Von einem nahe gelegenen Gettoeingang hörten wir ab und zu deutsche Schüsse und jüdische Schreie. Wir zuckten zusammen, wir zitterten. Aber in jener Nacht lasen wir weiter – die »Lyrische Hausapotheke«. Uns, die wir die Liebe noch nicht lange kannten, entzückte die etwas wehmütige, die dennoch wunderbare »Sachliche Romanze«. Wir lasen also von den beiden, denen die Liebe nach acht Jahren plötzlich abhanden gekommen war »wie andern Leuten ein Stock oder Hut« und die das einfach nicht fassen konnten. Wir dachten an unsere gemeinsame Zukunft, die es, davon waren wir überzeugt, gar nicht geben konnte – es sei denn, vielleicht, in einem Konzentrationslager. Wir lasen die irritierenden Fragen »Kennst du das Land, wo die Kanonen blühn?« und »Wo bleibt das Positive, Herr Kästner?« Wir lächelten über die Charakteristik des Strebers (»Die Ahnen kletterten im Urwald. / Er ist der Affe im Kulturwald«). Wir erschraken vor der Mahnung: »Nie dürft ihr so tief sinken, / von dem Kakao, durch den man euch zieht, / auch noch zu trinken.« Mitten in unsere jämmerliche Existenz trafen uns

die zwei Verse mit dem Titel »Moral«, diese acht Worte: »Es gibt nichts Gutes, / außer: man tut es!«
Ich weiß schon: Zur großen deutschen Poesie kann man Kästners Gebrauchslyrik mit Sicherheit nicht zählen.

Gleichwohl haben mich seine intelligenten, seine kessen und doch etwas sentimentalen Gedichte damals gerührt und ergriffen, sie haben mich begeistert. Was sich täglich abspielte, konnte nicht ohne Einfluß auf meine Lektüre bleiben. Inmitten des Elends im Warschauer Getto, in einer Zeit also, da ich täglich mit dem Tod rechnen mußte, fiel es mir schwer, Romane, ja, sogar Erzählungen zu lesen.
Ich habe während der ganzen deutschen Okkupation Polens, also in einem Zeitraum von fünf Jahren, keinen einzigen Roman gelesen, nicht einmal jenen, dem im Getto ein unerwarteter Erfolg zuteil wurde, der von Hand zu Hand ging. Ich meine Franz Werfels »Die vierzig Tage des Musa Dagh«, die

Geschichte der Verfolgung und Ermordung der Armenier während des Ersten Weltkriegs. In ihrem Schicksal glaubten viele jüdische Leser Parallelen zur eigenen Situation erkennen zu können.

Wohl aber las ich Gedichte, zumal Goethe und Heine. Dem Alltag zum Trotz interessierten sie mich immer noch und immer wieder. Allerdings wurden mir damals manche Dichter, die ohnehin nicht zu meinen Lieblingsautoren gehörten, fremd, wenn nicht gar unerträglich. Das gilt für die Poeten mit dem priesterlichen Gestus, für die Propheten, die Raunenden, für die »Hüter des heiligen Feuers« – für Hölderlin also, teilweise für Rilke und ganz gewiß für Stefan George. Ihre Orakelsprüche gingen mir jetzt auf die Nerven, ihre bisweilen herrliche Wortmusik büßte ihren Zauber ein – freilich nicht für immer, wie sich viel später erweisen sollte.

Es ist im Grunde unmöglich, Kästner in einem Atemzug mit Rilke und George zu nennen oder gar mit Hölderlin. Aber in manchen Situationen des Lebens hat man keine Geduld für Bruckners Symphonien, wohl aber eine Schwäche für Gershwin. So standen mir damals eine Weile lang die Skepsis und der Humor von Erich Kästners ganz und gar unfeierlicher Großstadtlyrik ungleich näher als die erhabene Poesie der Seher.

Aber da gab es noch einen ganz anderen Umstand, über den ich mir im Warschauer Getto nicht viele Gedanken machte. Die »Lyrische Hausapotheke« erinnerte mich an den Geist und das Klima jener Kultur der Weimarer Republik, die mich (das oft mißbrauchte Wort ist hier am Platze) fasziniert und beglückt hatte – in den letzten Jahren vor Hitler, obwohl ich noch ein Kind war, und in den ersten Jahren nach ihrem Zusammenbruch, da ich mich von den Büchern und Schallplatten, den Zeitschriften und Programmheften aus den zwanziger Jahren kaum losreißen konnte. Natürlich war es ein Zufall, daß ich 1941 gerade die Gedichte von Kästner gefunden habe. Es hätten auch Verse von Brecht sein können oder Feuilletons von Tucholsky, auch Reportagen von Joseph Roth oder Egon Erwin Kisch, Rezensionen von Alfred Kerr oder Alfred Polgar, die Songs aus der »Dreigroschenoper« und aus »Mahagonny« oder die Lieder aus dem »Blauen Engel«, die Stimmen von Marlene Dietrich, von Lotte Lenya oder Ernst Busch, von Fritzi Massary und Richard Tauber, die Zeichnungen von George Grosz oder die Fotomontagen von John Heartfield. Das alles vergegenwärtigte die Welt, die mich in den frühen Jahren prägte und die ich noch unlängst als die meinige empfand, die ich geliebt hatte und aus der ich verjagt und vertrieben worden war.

Daß ich Kästner je kennenlernen würde, auf diese Idee bin ich nicht gekommen. Abgesehen davon, daß meine Chancen, den Krieg zu überleben, mikroskopisch klein waren, würde ich jemandem, der mir ein Treffen mit Kästner vorausgesagt hätte, wohl geantwortet haben, das sei so absurd wie der Gedanke an ein Treffen mit Wilhelm Busch oder mit Christian Morgenstern. Doch im Herbst 1957 besuchte ich, immer noch in Polen lebend, die Bundesrepublik. Die Reise begann in Hamburg und führte mich über Köln und Frankfurt nach München. Ich bemühte mich gleich um Kästners Telefonnummer. Das war gar nicht einfach, aber schließlich bekam ich sie. Als Kästner hörte, daß ich ein Kritiker aus Warschau sei – solche Gäste gab es damals in München selten –, leistete er keinen Widerstand: Er schlug ein Treffen im Café Leopold in Schwabing vor.

Er war wieder populär, wie einst, unmittelbar vor 1933. Er wurde geschätzt, wenn auch immer noch, glaube ich, unterschätzt. Gerade war ihm der Büchner-Preis verliehen worden. Eine siebenbändige Ausgabe seiner »Gesammelten Schriften« wurde vorbereitet. Indes machte er den Eindruck weniger

eines würdigen als vielmehr eines höchst liebenswürdigen Menschen, schlank und charmant, flott und elegant. Wenn man bedachte, daß er 58 Jahre alt war, wirkte er erstaunlich jung.
Nachdem Kästner meine Fragen höflich beantwortet hatte, wollte er wissen, wie es mir im Krieg ergangen war. So knapp wie möglich berichtete ich ihm vom Warschauer Getto und kam gleich auf seine Gedichte zu sprechen. Ich zeigte ihm das handgeschriebene, das zufällig erhalten gebliebene und nun schon ziemlich ramponierte Exemplar seiner »Lyrischen Hausapotheke«. Er war überrascht und wurde schweigsam. Allerlei habe er sich vorstellen können, nicht aber, daß im Warschauer Getto seine Verse gelesen wurden, ja, daß man sie sogar von Hand kopierte – wie man im Mittelalter literarische Texte abgeschrieben hatte. Er war gerührt. Ich glaube, der smarte Poet hatte Tränen in den Augen.
Erst im Herbst 1963 sah ich ihn wieder: Wir waren Mitglieder der Jury eines »Deutschen Erzählerpreises«, den der »Stern« gestiftet hatte. Die Jurysitzungen fanden im Schloßhotel Kronberg bei Frankfurt statt. Als er ankam, stand ich zufällig an der Rezeption. Er begrüßte mich freundlich und rasch, wandte sich aber sofort ab, um einen doppelten Whisky zu ordern. Er wartete ungeduldig. Erst nachdem er ihn getrunken hatte, war er bereit, die Hotelanmeldung auszufüllen. Auch während der Jurysitzungen, die er meist aufmerksam verfolgte, ohne viel zu reden, trank er in regelmäßigen Abständen Alkohol.
Zum dritten und letzten Mal traf ich Kästner Ende Januar 1969. Der Norddeutsche Rundfunk hatte mich gebeten, ihn aus Anlaß seines siebzigsten Geburtstags für das Fernsehen zu interviewen. Die Aufzeichnung des Gesprächs wurde in einem Lokal gemacht, zu dessen Stammgästen er in seiner Berliner Zeit gehört hatte und auf das er bei verschiedenen Gelegen-

heiten gern zu sprechen kam, im Café Mampe am Kurfürstendamm, zwischen der Joachimsthaler Straße und der Gedächtniskirche. Damals sah dieses Lokal noch aus wie vor dem Krieg. Kästner kam pünktlich und, so schien es mir jedenfalls, flott wie immer. Er sah recht gut aus, man konnte ihn für einen Sechzigjährigen halten. Doch in Wirklichkeit war sein Zustand traurig und bedauernswert. Schon im Vorgespräch fiel es ihm schwer, sich zu konzentrieren, seine Antworten waren nichtssagend und etwas wirr. Ich bekam fast nur klischeehafte Wendungen zu hören, ich war erschüttert. Wahrscheinlich fürchtete ich das uns bevorstehende Fernsehgespräch noch mehr als er.

Ich versuchte, ihn auf alle Fragen, die ich ihm stellen wollte, vorzubereiten. Doch die meisten dieser ganz einfachen Fragen kamen ihm zu schwierig vor, zu ihnen, sagte er wiederholt, würde ihm doch nichts einfallen. Er tat mir leid in seiner kaum getarnten Ratlosigkeit. Ich wollte ihm helfen, ihm soweit wie möglich die Situation erleichtern. Auch die Leute vom Norddeutschen Rundfunk waren sehr geduldig – vielleicht deshalb, weil sie alle, wie sich bald herausstellte, »Emil und die Detektive« gelesen hatten. Die Phrasen, die Kästner schließlich ins Mikrophon stotterte, ließen gleich erkennen, daß sein Gedächtnis kaum noch funktionierte. Wir konnten nichts anderes tun, als alles aufzuzeichnen. Insgesamt waren es etwa vierzehn Minuten. Davon ließen sich letztlich nicht mehr als zwei oder drei Minuten senden – und auch diese waren kümmerlich. Nachdem er die ganze Zeit über Alkohol getrunken hatte, war er nun vollkommen erschöpft. Was er lallte, konnten wir nicht verstehen. Dann bemühte er sich, aufzustehen. Man mußte ihn stützen. Die Kellner sahen schweigend zu. Wir brachten ihn ins Taxi. Als ich ihm zum Abschied die Hand drückte, versuchte er zu lächeln.

Einige Tage später erhielt ich von Kästner einen Brief: In dem Umschlag fand sich der Faksimile-Druck eines neuen, eines harmlosen Gelegenheitsgedichts, betitelt »An die Gratulanten«. Es endet mit den Versen: »Bin gerührt und trotzdem heiter. / Danke sehr. Und mache weiter.« Offenbar wollte er noch ein persönliches Wort hinzufügen, und so schrieb er unter dieses Gedicht: »Lieber Fachmann, ›Mampe‹ ist ein nettes Lokal, und wir sind reizende Leute. Ihr Kästner.«

Am 29. Juli 1974 – inzwischen war ich in der Redaktion der »Frankfurter Allgemeinen« für Literatur zuständig – brachte mir der nicht mehr junge Bürobote eine Meldung der Deutschen Presseagentur, die er resigniert auf den Tisch legte – mit dem üblichen Kommentar: »Da haben Sie wieder eine Leiche.« Ich las rasch, der deutsche Dichter Erich Kästner sei in einem Münchner Krankenhaus gestorben. Wie immer in solchen Fällen sah ich erst einmal auf die Uhr: Ja, der Nachruf werde sich noch vor Redaktionsschluß schaffen lassen. Aber es mußte sehr schnell geschehen. Doch bevor ich damit anfing, rief ich jene an, die 1941 im Warschauer Getto seine Gedichte abgeschrieben hatte. Sie reagierte mit einem einzigen Wort: »Nein!« Dann war es ganz still. Wenn ich mich recht entsinne, waren meine Augen wieder einmal feucht – und die ihrigen wohl auch.

Bleiben oder gehen?

Wie lange es jüdischen Religionsunterricht an Berliner Schulen gab, weiß ich nicht mehr, aber bestimmt noch 1936, vielleicht auch 1937. Zweimal wöchentlich kam ein Rabbiner, stets einer der bekannten Rabbiner aus den westlichen Teilen von Berlin. Ich glaube, er durfte das Lehrerzimmer nicht betreten, aber wir, also die paar jüdischen Schüler, die es noch gab, hatten einen Klassenraum zur Verfügung, und es konnte ein ganz normaler jüdischer Religionsunterricht stattfinden.
An einen dieser Religionslehrer kann ich mich noch genau erinnern: Es war Max Nußbaum, sehr elegant und ungewöhnlich jung – 26 Jahre alt, doch schon seit drei Jahren promoviert –, ein beliebter Kanzelredner und ein geistreicher Lehrer. Er emigrierte 1940 in die Vereinigten Staaten, war Rabbiner in Hollywood und stieg zu einer der wichtigsten Persönlichkeiten der Juden in Nordamerika auf. In manchen Publikationen wird ihm besonders hoch angerechnet, daß er drei berühmte Schauspieler ins Judentum aufgenommen habe: Marilyn Monroe, Elizabeth Taylor und Sammy Davis jr.
Am Abend des Tages meiner Bar Mizwa folgte in unserer Wohnung, wie es üblich ist, ein Abendessen für die ganze Familie; es waren etwa fünfzehn Personen geladen. Doch wurde ich enttäuscht. Denn ich stand durchaus nicht im Mittelpunkt, schlimmer noch, niemand kümmerte sich um mich. Die Gespräche am Tisch waren ziemlich erregt, betrafen jedoch ein anderes Thema: Der Reichsrundfunk hatte gemeldet, daß von der SS und der Gestapo und unter Teilnahme von Adolf Hitler eine gegen ihn gerichtete Verschwörung, an deren Spitze der Stabschef der SA, Ernst Röhm, gestanden habe, blutig niedergeschlagen worden sei.
Noch wußte man nicht, wie viele Menschen ermordet worden waren, noch kannte man die Bezeichnung »Röhmputsch« nicht.

Viele Juden hatten das Reich bereits 1933 verlassen. Diejenigen, die besonders gefährdet waren – neben Sozialdemokraten und Kommunisten vor allem zahlreiche Schriftsteller und Journalisten, die sich in der Weimarer Republik gegen die Nationalsozialisten engagiert hatten –, flüchteten zum Teil schon in den ersten Tagen oder Wochen nach dem Reichstagsbrand. Andere konnten ihre Ausreise vorbereiten und ihr Hab und Gut wenigstens teilweise mitnehmen.

Sogleich zeichneten sich unter den Juden zwei gegensätzliche Standpunkte ab. Der erste: Nach dem, was geschehen ist, haben wir in diesem Land nichts mehr zu suchen, wir sollten uns keine Illusionen machen, sondern so schnell wie möglich emigrieren. Der zweite: Man sollte nicht den Kopf verlieren, vielmehr abwarten und durchhalten, denn nichts wird so heiß gegessen wie gekocht. Nicht wenige versuchten sich einzureden, die antisemitische Hetze sei im Grunde gegen die Ostjuden gerichtet, nicht aber gegen die seit Jahrhunderten in Deutschland lebenden Juden. Jene zumal, die im Ersten Weltkrieg Soldaten gewesen waren und auch noch Orden erhalten hatten, glaubten, ihnen könne nichts passieren. Oft waren es gerade die nichtjüdischen Freunde und Bekannten, die die Juden, in bester Absicht, zu beruhigen suchten: Ein unmenschliches Regime wie das nationalsozialistische sei doch in Deutschland auf die Dauer undenkbar. Nach zwei oder spätestens drei Jahren werde der Spuk vorbei sein. Da habe es doch keinen Sinn, die Wohnung zu liquidieren und die Zelte abzubrechen.

Erste Begegnung

Es war am 21. Januar 1940, kurz nach dreizehn Uhr. Meine Mutter rief mich in die Küche. Sie blickte aus dem Fenster und war offensichtlich beunruhigt, doch, wie immer, ganz beherrscht. Auf dem Hof sah ich mehrere Nachbarn, etwa acht oder zehn an der Zahl. Sie gestikulierten lebhaft. Etwas mußte geschehen sein, etwas Aufregendes.

Noch standen wir erschrocken und unschlüssig am Fenster, da läutete schon jemand an unserer Wohnungstür: Der Doktor solle sofort kommen, denn der Herr Langnas habe sich aufgehängt; vielleicht könne man noch etwas machen. Aber mein Bruder war gar nicht zu Hause. Bevor ich auch nur einen Augenblick überlegen konnte, was ich tun sollte, sagte meine Mutter: »Geh sofort dahin, der Langnas hat doch eine Tochter, ihrer muß man sich jetzt annehmen.« Schon auf der Treppe, hörte ich die Stimme meiner Mutter: »Kümmere dich um das Mädchen!« Ich habe diesen Satz, diese Ermahnung – »Kümmere dich um das Mädchen!« – nie vergessen, ich höre sie immer noch.

Die Tür zur Wohnung, in der die aus Lodz nach Warschau geflüchtete Familie Langnas kürzlich Unterkunft gefunden hatte, war halb offen. In der Diele bemühten sich zwei oder drei Personen um die laut und, wie mir schien, feierlich, ja salbungsvoll klagende Frau Langnas. An der Wand lehnte, völlig aufgelöst, die Neunzehnjährige, um derentwillen ich gekommen war. Wir kannten uns schon, doch nur ganz flüchtig: Die Menschen, die zusammen in einem Haus wohnten, lernten sich damals rasch kennen. Um zwanzig Uhr war die von den deutschen Behörden verhängte Polizeistunde, danach durfte man das Haus nicht mehr verlassen.

Man wollte unbedingt wissen, was sich auf der Welt abspielte: Davon hing ja, das war schon bald allen klar, unser Leben ab. Nur konnte man der einzigen zugelassenen Tageszeitung in polnischer Sprache, einem erbärmlichen und allgemein verachteten Presseorgan, abgesehen von den Meldungen des Oberkommandos der Wehrmacht so gut wie nichts entnehmen – und der in deutscher Sprache erscheinenden »Warschauer Zeitung« kaum mehr. Alle Rundfunkapparate hatten wir schon im Oktober 1939 abliefern müssen. Also war man auf die von Mund zu Mund gehenden Nachrichten angewiesen, die nicht immer zutrafen, und auf die sich unentwegt verbreitenden Gerüchte, die nicht immer falsch waren.

Das ständige Bedürfnis nach Neuigkeiten, wenn schon nicht erfreulichen, so doch wenigstens beruhigenden, ähnelte bald einer Sucht. Ebendamit hatten die gegenseitigen abendlichen Besuche innerhalb eines Hauses zu tun: Man traf sich bei einem der Nachbarn, um das Allerneueste zu erfahren. »Was gibt es Neues?« – lautete die stereotype Frage. Ich habe sie mir bis heute nicht abgewöhnt. So war ich auch, meinen Vater begleitend, wenige Tage zuvor eine Stunde oder zwei im Zimmer der Familie Langnas gewesen. Dort hatten sich an diesem Abend einige Personen versammelt – um sich gegenseitig zu bestätigen, daß die Deutschen ernste Sorgen hätten, daß sie mit den Juden im Generalgouvernement vielleicht doch nicht so grausam umsprängen, daß der Triumph der Alliierten sicher sei und daß das Ganze nicht mehr lange dauern könne.

Damals also habe ich jene Neunzehnjährige zum ersten Mal gesehen. Da ich mich aber an der allgemeinen Unterhaltung beteiligen wollte, konnte ich ihr nur wenig Aufmerksamkeit zuwenden. Doch das genügte, um mich von zweierlei zu überzeugen: Sie konnte Deutsch, und die Literatur war ihr offenbar nicht gleichgültig. Das weckte mein Interesse.

Der Tod des Vaters

Ohne Eile ging ich den Kurfürstendamm in Richtung Halmsee. Plötzlich wurde mir bewußt, daß ich während des ganzen Gesprächs mit Tatjana an Tosia gedacht hatte. Und wieder kam mir, wie unzählige Male im Laufe der vergangenen Jahre, jener Tag in den Sinn, der mein Leben änderte, jener 21. Januar 1940, der Tag, an dem der Herr Langnas aus Lodz seinem Leben ein Ende gesetzt hatte.

Er war noch ein Kind, als seine Eltern starben. Ein Onkel sorgte für seinen Lebensunterhalt, sonst blieb er sich selber überlassen. Ein Selfmademan also und kein alltäglicher: Obwohl still und zurückhaltend, obwohl von seinen Ellenbogen keinen Gebrauch machend, war er geschäftstüchtig. Er wurde ein erfolgreicher und wohlhabender Kaufmann, Mitinhaber einer florierenden Textilfabrik. Dennoch war sein Selbstbewußtsein nicht stark ausgeprägt – und vielleicht hing sein Tod damit zusammen.

Kurz nach dem Einmarsch der Wehrmacht wurde er enteignet. Das Betreten seiner Fabrik, die nun ein Treuhänder verwaltete, war ihm untersagt. Am nächsten Tag hat ihn auf Piotrkowska, der Hauptstraße von Lodz, ein deutscher Soldat geohrfeigt, ein kräftiger junger Mann in bester Laune. Warum? Vielleicht hat er von dem Juden Langnas den Hitlergruß erwartet. Aber vielleicht kam es ihm gar nicht darauf an, nur hat er, weil er von seinem Vorgesetzten geärgert worden war, das Bedürfnis gehabt, jemanden zu prügeln. Damit begann der psychische Zusammenbruch des Herrn Langnas. Kaum nach Hause gekommen, sagte er, ihm bliebe jetzt nichts anderes übrig, als Selbstmord zu verüben – und sprach davon in den nächsten Wochen immer häufiger.

Später, als Lodz Litzmannstadt genannt und dem »Reichsgau Wartheland« angeschlossen wurde, flüchtete die Familie, ähnlich wie viele andere Juden aus Lodz, nach Warschau. Auch dort waren bei Herrn Langnas Anzeichen einer tiefen Depression zu beobachten, doch von Selbstmordabsichten sprach er nicht mehr. Man glaubte schon, er habe die Krise überwunden. Am 21. Januar gingen seine Frau und seine Tochter in die Stadt, um etwas zu besorgen. Nach einer knappen Stunde kehrten sie zurück. Es war zu spät: Der von einem fröhlichen deutschen Soldaten geohrfeigt worden war, hing an seinem Hosengürtel.

Die beiden Frauen schrien auf, die Tochter war dann schneller als die Mutter: Sie rannte aus dem Zimmer in die Küche, um ein Messer zu holen. Doch ihre Kraft reichte nicht aus, den Gürtel zu durchschneiden. Erst der Notarzt schaffte es, der sonst nichts mehr tun konnte. Da war ich schon in dieser Wohnung, von der weinenden Tochter des Toten in ein anderes Zimmer geführt. Jetzt saß ich neben ihr, neben Teofila Langnas, die ihrem ein wenig prätentiös klingenden Vornamen das schlichte Diminutiv Tosia vorzog.

So unvergleichbar unsere Situation – wir waren ihr beide nicht gewachsen, wir waren beide überfordert. Sie wußte seit zehn Minuten, daß sie keinen Vater mehr hatte. Sie weinte, sie konnte nichts sagen. Und ich, was sollte ich einem Mädchen sagen, das sich vor zehn Minuten vergeblich bemüht hatte, ihren Vater vom Gürtel loszuschneiden? Wir, beide neunzehn Jahre alt, waren gleichermaßen ratlos. Ich war mir der Dramatik des Augenblicks bewußt, aber mir fiel nichts anderes ein, als den Kopf der Verzweifelten zu streicheln und ihre Tränen zu küssen. Sie nahm es, glaube ich, kaum wahr.

Um sie wenigstens für Augenblicke abzulenken, fragte ich, was sie denn eigentlich in Lodz getan hatte. Sie antwortete stammelnd. Ich verstand, daß sie vor einem halben Jahr das Abitur gemacht hatte und in Paris Graphik und Kunstgeschichte studieren sollte. Daraus war nun, des Kriegsausbruchs wegen, nichts geworden. Ich meinte, ich müßte ihr jetzt etwas sagen.

Vor einigen Jahren, noch in Berlin, hatte mir der Film »Traumulus« gefallen, wohl deshalb vor allem, weil in der Verfilmung dieses kurz nach der Jahrhundertwende geschriebenen Stücks von Arno Holz und Oskar Jerschke die Hauptrolle, den Lehrer, der nicht ohne Grund »Traumulus« genannt wird, Emil Jannings spielte. An der Leiche seines Lieblingsschülers, der Selbstmord verübt hat, erklärt dieser Lehrer – so ungefähr hatte ich es im Gedächtnis behalten –, wir seien dazu da, das Leben nicht von uns zu werfen, sondern zu bezwingen. Eine schwülstige Phrase, gewiß, aber sie schien mir noch erträglicher als die unheimliche Stille oder die übliche Redewendung: »Das Leben geht weiter.«

Dann aber tat ich etwas Ungehöriges, etwas, was mich selber überraschte, was ich in dieser Situation noch vor zehn Sekunden für ganz unmöglich gehalten hätte: Ich faßte sie plötzlich an, ich griff zitternd nach ihrer Brust. Sie zuckte zusammen, aber sie sträubte sich nicht. Sie erstarrte, ihr Blick schien dankbar. Ich wollte sie küssen, ich unterließ es.

Am nächsten Tag wurde Tosias Vater beerdigt. Noch wurden Juden beerdigt, noch – denn bald gab es für sie, wie es in Celans »Todesfuge« heißt, nur »ein Grab in den Lüften«. Da man sich an die Selbstmorde von Juden vorerst nicht gewöhnt hatte, waren viele Menschen zum Friedhof gekommen, zumal der stille Herr Langnas in seiner Heimatstadt nicht nur zu den angesehenen, sondern auch zu den beliebten Kaufleuten gehört hatte.

Ich begleitete und stützte Tosia. Am offenen Grab stand ich neben ihr. Ein Freund ihres Vaters fragte etwas verwundert, wer denn eigentlich der junge Mann sei, der sich offensichtlich der Tochter des Toten annahm. Vielleicht hielt er es für unpassend oder etwas ungehörig. Aber wir beide, sie und ich, wir machten uns keine Gedanken darüber. Wir empfanden es schon als selbstverständlich, daß wir an diesem düsteren, diesem regnerischen Tag im Januar 1940 zusammen waren. Und wir blieben zusammen.

Erst »Seuchensperrgebiet«, dann Getto

Die Endlösung war noch nicht beschlossen, ja man kannte dieses Wort noch nicht. Aber zu den Willkürakten, die den Juden den Alltag zur Hölle machten, kamen sogleich systematische Aktionen der Behörden hinzu. Deutsche Bürokraten waren am Werk, fleißige Schreibtischtäter. Sie verfolgten mit anderen Mitteln die gleichen Ziele wie jene, die die Juden, wo immer sie sie fanden, überfielen, ausraubten und peinigten. Unentwegt gab es im Generalgouvernement Polen neue Gesetze und Verfügungen, neue Anordnungen und Verordnungen, Erlasse und Weisungen. Wozu alle diese Maßnahmen in Wirklichkeit dienen sollten, haben wir damals weder gewußt noch geahnt, und wir hätten es, hätte uns jemand hierüber informiert, mit Sicherheit nicht geglaubt. Denn nichts anderes wurde mit diesen Maßnahmen vorbereitet als die Vernichtung aller Juden, ihre »Ausrottung«.

Schon wenige Wochen nach dem Einmarsch der Wehrmacht in Warschau verfügte die SS, daß die Juden ab sofort nur in einem bestimmten Teil der Stadt wohnen und sich aufhalten durften. Ein Getto also wurde angeordnet. Verheimlichen konnte man diese Rückkehr zum Mittelalter nicht, aber doch offiziell beschönigen oder tarnen. Daher wurde das Wort »Getto« sorgfältig vermieden – ebenso in den plakatierten Bekanntmachungen wie in den Zeitungen, es tauchte auch niemals im Briefwechsel mit den verschiedenen deutschen Dienststellen auf. Was errichtet werden sollte, hieß stets »der jüdische Wohnbezirk«.

Die Juden hatten innerhalb von drei Tagen in die nördlichen, meist häßlichen und vernachlässigten Viertel Warschaus umzuziehen. Gleichzeitig sollten die dort lebenden Nichtjuden diese Viertel verlassen und ebenfalls mit Sack und Pack umziehen. Unter den Betroffenen, Juden wie Nichtjuden, brach

Panik aus, die Stadt geriet in Aufruhr. Offenbar war sich die SS der Folgen, die sich aus ihrer Anordnung ergaben, überhaupt nicht bewußt.

In den für die Juden vorgesehenen Bezirken befanden sich Fabriken und Betriebe, die Nichtjuden gehörten. Was sollte damit geschehen? Daß eine moderne Großstadt ein kompliziertes Gebilde ist, aus dem sich nicht ohne weiteres ganze Stadtteile herauslösen und isolieren lassen – das war ja beabsichtigt –, davon hatten jene, von denen die Geschicke der größten jüdischen Gemeinde Europas abhingen, keine Ahnung. Was sie wollten, ließ sich auf die Schnelle nicht machen: Die SS-Führer sahen sich genötigt, die Getto-Anordnung wieder zurückzuziehen.

Die Okkupationsbehörden hatten sich in aller Öffentlichkeit blamiert. Doch konnten die Juden nicht aufatmen: Es war klar, daß die deutschen Instanzen nicht daran dachten, auf ihren Plan zu verzichten. Die Sache war nur aufgeschoben – und es war ziemlich sicher, daß sie sich für ihre Fehlentscheidung grausam rächen würden, an den Juden, selbstverständlich.

Wie konnte es zu solch einer offensichtlich improvisierten und die deutschen Machthaber kompromittierenden Anordnung kommen? Die Antwort ist sehr einfach: Die in Warschau amtierenden und mit großen Vollmachten ausgestatteten SS-Führer waren Menschen von kümmerlicher Bildung. Schon die von ihnen verfaßten Briefe oder Notizen ließen dies erkennen. Oft handelte es sich bloß um Unteroffiziere; wenn es aber bisweilen Offiziere waren, dann meist nur solche, deren Rang dem eines Leutnants oder Oberleutnants in der Wehrmacht entsprach – und sie wurden während ihres Dienstes in Warschau in der Regel nicht befördert.

Vorerst gab es also kein Getto in Warschau. Um so mehr schien es der SS und den vielen deutschen Behörden ange-

bracht, die Juden auf andere Weise schleunigst auszusondern, auszugrenzen und zu demütigen. Ab 1. Dezember 1939 mußten im Generalgouvernement alle Juden im Alter von über zehn Jahren – im Distrikt Warschau war die Altersgrenze zwölf Jahre –, auf dem rechten Arm eine mindestens zehn Zentimeter breite weiße Binde mit einem blauen Davidstern tragen. Den vielen Warschauern, ob nun Deutsche oder Polen, die das Bedürfnis hatten, Juden auf den Straßen zu überfallen, war diese Kennzeichnung sehr willkommen – und sie wurde auch richtig begriffen: Die Juden waren vogelfrei.
Kam einem Juden ein uniformierter Deutscher entgegen, dann hatte er ihm sofort Platz zu machen. Die Anordnung war unmißverständlich. Nicht geklärt war hingegen die Frage, wie sich ein Jude darüber hinaus angesichts eines Deutschen zu verhalten hatte: Sollte er ihm etwa den deutschen Gruß entbieten? Ich habe dies einmal nicht getan und wurde prompt von dem Soldaten, der nicht älter war als ich, geprügelt. Ein andermal habe ich, um der zu befürchtenden Züchtigung vorzubeugen, einen Soldaten sehr wohl gegrüßt, was mir übrigens nichts ausmachte, weil ich ja daran schon seit der Berliner Schulzeit gewohnt war. Doch der junge Herrenmensch brüllte mich wütend an: »Bist du mein Kamerad, daß du mich grüßt?« – und schlug kräftig auf mich ein.
Sofort wurden besonders gekennzeichnete Lebensmittelkarten für Juden eingeführt. Die Zuteilungen waren erheblich kleiner als die für die nichtjüdische Bevölkerung.

Die Worte des Narren

Von Zeit zu Zeit konnte man im Getto einen noch jungen, in Lumpen gehüllten Mann sehen, der, stets von belustigten Kindern und Halbwüchsigen begleitet, hüpfend und tänzelnd durch die Straßen lief. Die Passanten waren verwundert, begrüßten ihn jedoch mit Beifall. Sein Erkennungszeichen waren zwei jiddische Worte, die er laut ausrief und, wie ein Zeitungsverkäufer, rasch wiederholte: »Ale glach«, zu deutsch: »Alle gleich«. Ob es sich um einen Befund handelte, eine Voraussage oder eine Warnung, ob der Mann wahnsinnig war oder einen Wahnsinnigen spielte – das wußte niemand. Dieser unheimliche Mann, der Rubinstein hieß, aber »Ale glach« genannt wurde, war der Narr des Warschauer Gettos.

Waren denn wirklich alle gleich? Berühmte Wissenschaftler und primitive Lastenträger, vorzügliche Ärzte und erbärmliche Bettler, erfolgreiche Künstler und gewöhnliche Hausierer, reiche Bankiers und kleine Betrüger, tüchtige Kaufleute und biedere Handwerker, Orthodoxe, die keinen Augenblick an dem Glauben ihrer Väter zweifelten, und Neophyten, die vom Judentum nichts wissen wollten und meist tatsächlich nichts wußten – sie alle fanden sich im Getto, sie waren zu Not und Elend verurteilt, sie mußten an Hunger und Frost, an Schmutz und Dreck leiden, sie schwebten in tausend Ängsten. Auf ihnen allen, ob jung oder alt, ob schlau oder dümmlich, lag ein düsterer, ein schrecklicher Schatten, dem man nicht entweichen konnte: der Schatten der Todesangst.

Daß aber diese sehr unterschiedlichen Menschen im Getto allesamt in der gleichen Situation waren und das gleiche ertragen mußten, traf nun doch nicht zu, jedenfalls vorerst nicht. Wer Ersparnisse hatte, wer etwas besaß, was sich veräußern ließ, zumal Schmuck, Gold oder Silber, alte Leuchter oder andere rituelle Gegenstände, konnte sich Lebensmittel leisten, die für die meisten Bewohner unerschwinglich waren und für alle, ausnahmslos alle ganz unentbehrlich – denn mit den offiziellen Zuteilungen auszukommen war schlechthin undenkbar: Sie reichten gerade aus, um nicht am Hungertod zu sterben.

Viel hing von dem Beruf ab. Lehrer, Rechtsanwälte und Architekten hatten es besonders schwer. Denn es gab im Getto weder Schulen noch Gerichte, und es wurde auch nichts gebaut. Immerhin fanden viele Juristen eine Tätigkeit in der Verwaltung des Gettos oder in der Kommandantur des Ordnungsdiensts, also der (sehr unbeliebten) jüdischen Miliz. Ärzte und Zahnärzte hatten es entschieden besser, sie wurden ja immer benötigt. Das galt für Handwerker ebenfalls, vor allem für Tischler, Schlosser, Klempner, Elektrotechniker, auch für Schneider und Schuster.

Zugleich entstand ein neuer Beruf: der Schmuggler. Tausende von Juden, häufiger Männer als Frauen und eher jüngere Menschen, auch Halbwüchsige, gingen täglich zur Arbeit in großen deutschen Betrieben außerhalb des Gettos. Sie taten es freiwillig, obwohl die Entlohnung minimal war. Der Grund: Sie konnten aus dem Getto Verkäufliches mitnehmen, insbesondere Kleidungsstücke, gelegentlich auch Uhren oder Schmuck; alles wurde schnell zu Schleuderpreisen abgesetzt. Für den Erlös kauften sie Lebensmittel, die sie gegen Abend, wenn die jüdischen Kolonnen zurückkehrten, ins Getto schmuggelten.

Was sich an den Gettoeingängen ereignete, war unvorhersehbar, die deutschen Gendarmen verfuhren ganz und gar willkürlich: Mitunter haben sie den Grenzgängern alles, was sie am Leib trugen, Speck, Wurst oder auch nur Kartoffeln, brutal weggenommen. Es wurde bei diesen Kontrollen auch viel geschossen, an blutigen Opfern mangelte es nicht. Aber es gab

auch Gendarmen, die sich anders verhielten: Ihnen war gleichgültig, was die armen Schlucker, diese jüdischen Amateurschmuggler, ins Getto mitbrachten.

Eine ungleich wichtigere Rolle spielten jedoch die professionellen Schmuggler: Juden proletarischer Herkunft, in der Regel große, derbe und stämmige Kerle, die vor dem Krieg ihren Lebensunterhalt meist als Lastträger oder ungelernte Industriearbeiter gefristet hatten. Es waren Menschen, die das Risiko einkalkulierten und den Tod offenbar nicht fürchteten. Sie machten gemeinsame Sache mit polnischen Geschäftspartnern ähnlicher Provenienz und mit den deutschen Wachtposten an den Eingängen zum Getto.

So wurden allnächtlich Lebensmittel in riesigen Mengen transportiert: Hunderte von Säcken mit Mehl und Reis, mit Erbsen und Bohnen, mit Speck und Zucker, mit Kartoffeln und Gemüse. Diese Säcke haben die Schmuggler an bestimmten Stellen rasch über die Mauer geworfen oder durch Öffnungen in der Mauer hinübergereicht. Danach haben sie diese Löcher wieder provisorisch geschlossen. Bisweilen erfolgte die Lieferung mit Pferdefuhrwerken oder Lastautos, die anstandslos die offiziellen Gettoeingänge passieren konnten – im Einvernehmen mit den (selbstverständlich bestochenen) deutschen Gendarmen.

Wer an diesem Schmuggel beteiligt war, verdiente viel Geld. Denn die Preise für Lebensmittel waren innerhalb der Mauern mindestens doppelt so hoch wie in den übrigen Stadtteilen Warschaus. Die waghalsigen jüdischen Schmuggler konnten also in Saus und Braus leben, sie gehörten zu jenen, die das Publikum der nicht zahlreichen und sehr kostspieligen Restaurants im Getto bildeten. Nur mußten sie mit einer großen Gefahr rechnen: Irgendwann dämmerte es ihren deutschen Geschäftspartnern, es sei nicht empfehlenswert, jüdische Mitwisser zu haben. Viel klüger wäre es, sich des einen oder anderen schnell zu entledigen, etwa mit einem Pistolenschuß.

Mitten durch das Getto verlief eine der wichtigsten Warschauer Ausfallstraßen, die Ost-West-Achse. An ihr war die Wehrmacht stark interessiert, ganz besonders im Frühjahr 1941, also unmittelbar vor Ausbruch des deutsch-sowjetischen Krieges. Denn der ganze Verkehr vom Westen über Warschau nach dem Osten konnte nur über diese Straße geleitet werden. Man hat sie daher vom Getto abgesondert. Dadurch war der den Juden zugewiesene Wohnbezirk geteilt: Es gab jetzt das sogenannte große und das kleine Getto, die durch eine Überführung, eine (übrigens vom »Judenrat« erbaute und finanzierte) Holzbrücke miteinander verbunden waren.

Den deutschen Posten an dieser Brücke bereitete es ein Vergnügen, die Juden, die dort vorbeigehen mußten (anders konnte man nicht vom kleinen Getto ins große gelangen und umgekehrt), auf besondere Art zu behandeln. Viele wurden ohne weiteres durchgelassen, andere sadistisch gequält. Ging etwa ein bärtiger, womöglich älterer Jude vorbei, wurde ihm befohlen: »Fünfzig Kniebeugen!« Keiner hat das ausgehalten, alle brachen nach zwanzig oder dreißig ohnmächtig zusammen. Wir wohnten einige Monate lang unmittelbar an dieser Holzbrücke. So habe ich den düsteren Zirkus, der sich dort beinahe täglich abspielte und an dem sich die Wachtposten offenbar nicht satt sehen konnten, oft vom Fenster aus beobachtet. An die nächtlichen Schüsse und Schreie hatte man sich bald gewöhnt.

Im Getto existierten, wer hätte das gedacht, auch Taxis, aber keine Autos und keine Pferdedroschken, sondern Rikschas. Das waren Fahrräder, auf denen findige Leute, in der Regel junge Techniker, einen breiten Sitz montiert hatten; er reichte für zwei Personen. Allerdings konnten sich eine Rikschafahrt

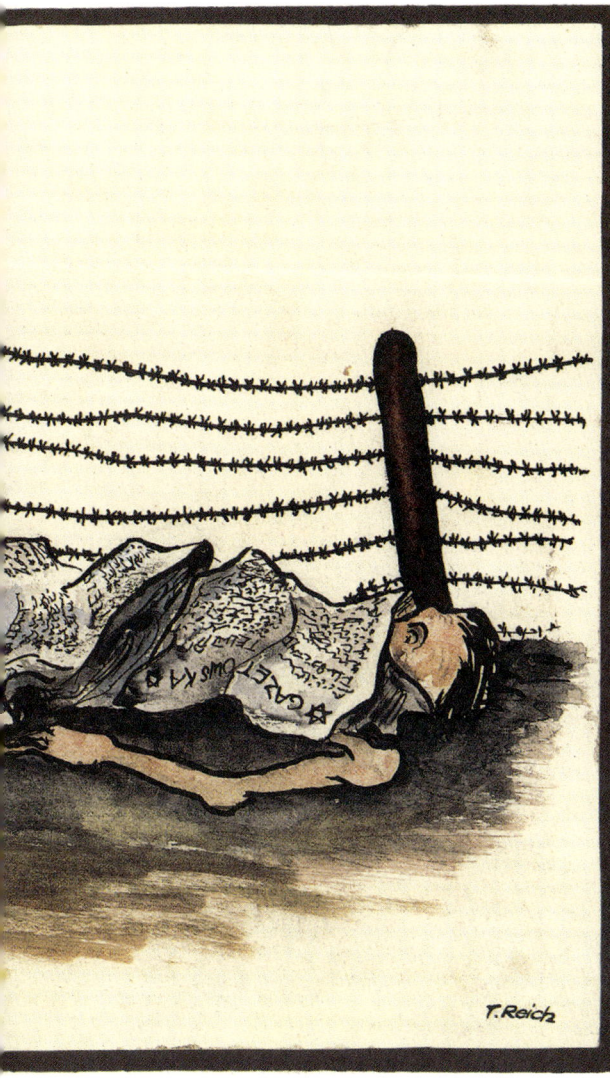

nur jene wenigen leisten, die Geld hatten. Und öffentliche Verkehrsmittel? Innerhalb des Gettos fuhr eine Straßenbahn, die, wie im vorigen Jahrhundert, von Pferden gezogen wurde. Sie war immer brechend voll – und ebendeshalb haben wir, meine Freunde und ich, nie von ihr Gebrauch gemacht. Wir hatten Angst vor Läusen, den wichtigsten Überträgern des Fleckfiebers, wir gingen immer zu Fuß.

Freilich waren die meisten Straßen stets überfüllt – eine leere Straße habe ich im Getto nie gesehen, eine halbleere nur selten. Die gefürchtete Tuchfühlung mit anderen Fußgängern ließ sich nicht immer vermeiden: Auch auf der Straße konnte man sich also eine Laus holen und damit die in den meisten Fällen zum Tode führende Epidemie. Man traf ihn im Getto auf Schritt und Tritt – den Tod. Das ist wörtlich gemeint: Am Straßenrand lagen, vor allem in den Morgenstunden, die mit alten Zeitungen nur dürftig bedeckten Leichen jener, die an Entkräftung oder Hunger oder Typhus gestorben waren und für deren Beerdigung niemand die Kosten tragen wollte.

Zum Straßenbild im Getto gehörten unzählige Bettler, die, an eine Hauswand gelehnt, auf der Erde saßen und laut jammernd um ein Stück Brot baten; ihr Zustand ließ vermuten, daß sie sehr bald nicht mehr sitzen, sondern liegen würden – von Zeitungen bedeckt. Viel Lärm machten die professionellen Straßenverkäufer und die armen Menschen, die irgendwelche Gegenstände, bisweilen Kleidungsstücke, zum Verkauf anboten, um sich etwas zu essen kaufen zu können. Charakteristisch waren auch die »Reißer«. So nannte man Halbwüchsige, die in der Nähe von Läden auf Passanten warteten, die dort Brot oder jedenfalls etwas Eßbares gekauft hatten. Denen entrissen sie unversehens ihr Päckchen, rannten sofort weg oder bissen trotz der Papierverpackung an Ort und Stelle hinein.

Die Verarmung der Getto-Bewohner machte rasch Fort-

schritte – und die deutschen Behörden bemühten sich, diesen Prozeß noch zu beschleunigen. So wurden 1941 alle im Besitz der Juden befindlichen Pelze mit Beschlag belegt – nicht nur Pelzmäntel, sondern auch Pelzkragen und Pelzmützen. Natürlich wurde im Getto gestohlen, doch gab es keinen einzigen Mordfall – wohl aber einen Fall von Kannibalismus: Eine dreißig Jahre alte Frau, die vor Hunger dem Wahnsinn verfallen war, hat aus der Leiche ihres zwölfjährigen Sohnes einen Gesäßteil herausgeschnitten und zu verspeisen versucht. Als ich den Bericht hierüber ins Deutsche übersetzte, wurde ich darauf hingewiesen, daß diese Sache geheimgehalten werden müsse.
Nur ein einziges Auto gab es im Getto. Es war ein kleiner alter Ford, den der Obmann des »Judenrates«, der Bürgermeister des Gettos also, Adam Czerniaków, als Dienstwagen zur Verfügung hatte. Wenn sich sonst ein Wagen blicken ließ, flohen alle, die Straßen wurden gleich leer. Denn man konnte nicht ausschließen, daß die Insassen, Deutsche, versteht sich, diese unberechenbaren Wesen, plötzlich von ihren Waffen Gebrauch machen und wahllos nach links und rechts in die Menschenmenge schießen würden. Die Deutschen kamen in der Mehrzahl als Touristen. Sie wollten die exotische Welt der Juden besichtigen und hatten freilich oft das dringende Bedürfnis, die Juden zu verprügeln und bei Gelegenheit zu berauben.
Im Getto wurde auch gefilmt: Nicht wenige deutsche Soldaten und Offiziere wollten ein Souvenir nach Hause mitnehmen. Professionelle Filmleute, wohl Angehörige von Propaganda-Kompanien, waren ebenfalls am Werk. Ihre bevorzugten Motive waren Bettler und Krüppel, deren Anblick jüdischen Schmutz beweisen und Abscheu erregen sollte. Gedreht hat man auch gestellte Szenen: Erbärmlich, wenn nicht abstoßend aussehende Juden wurden von den Filmleuten in ein Getto-

Restaurant gebracht. Dem Inhaber des Lokals wurde befohlen, für die unfreiwilligen Gäste den Tisch möglichst reich zu decken. Der Regisseur oder der Kameramann inszenierten ein Gelage: Es sollte zeigen, wie gut es den Juden gehe.

Todesurteile mit Wiener Walzern

Das Verbot der Symphoniekonzerte hat die Musiker und die Freunde der Musik nicht nur betrübt, sondern auch beunruhigt. Es stellte sich bald heraus, daß dieser vergleichsweise harmlose Umstand – schließlich war ein großer Teil der Bevölkerung an den Konzerten nicht interessiert – zu einer Anzahl von Vorfällen, Maßnahmen und auch Gerüchten gehörte, deren Gleichzeitigkeit keineswegs Zufall war, daß sie vielmehr, allesamt im Frühjahr 1942, von einer geplanten generellen Veränderung der Verhältnisse im Getto zeugten.
Damals, wahrscheinlich im März, hörte ich zum ersten Mal, daß Deutsche irgendwo in Polen Juden mit Hilfe von Autoabgasen, die in kleine Räume geleitet wurden, umbrachten. Ich glaubte es nicht – und ich kannte auch niemanden, der dies für möglich hielt. Von Tag zu Tag wuchs die Bevölkerung des Gettos. Es kamen Juden, die aus Ortschaften im Distrikt Warschau umgesiedelt, richtiger: vertrieben wurden, es kamen auch Transporte deutscher und tschechischer Juden, vorwiegend aus Berlin, Hannover und Prag. Die Gettogrenzen wurden verändert und bei dieser Gelegenheit einige Ausgänge geschlossen.
In der Nacht vom 17. auf den 18. April haben uniformierte Deutsche auf Grund einer Namenliste 53 Juden aus ihren Wohnungen abgeholt und sofort – schon in der Toreinfahrt oder in unmittelbarer Nähe des jeweiligen Hauses – von hinten erschossen. Es waren meist politische, im Untergrund tätige Aktivisten, die offenbar und nicht zu Unrecht als Anführer eines eventuellen Widerstands galten. Im Mai und Juni 1942 folgten weitere Terrorakte. Allnächtlich wurden Juden, vorwiegend Männer, verhaftet und sofort erschossen; es fiel auf, daß es meist Intellektuelle waren, darunter viele Ärzte. Das Getto erstarrte vor Schrecken.

Anfang Juni erschien wieder einmal eine deutsche Film-Equipe und drehte zahlreiche gestellte Szenen. Auf den Straßen wurden gutaussehende und ordentlich gekleidete junge Jüdinnen verhaftet und ins Hauptgebäude des Judenrates gebracht; sie mußten sich ausziehen und wurden zu obszönen sexuellen Posen und Handlungen gezwungen. Ob die Equipe den Auftrag hatte, derartiges zu filmen, oder ob es sich um ihr Privatvergnügen handelte, ist nicht bekannt.
Zugleich gingen in diesen Wochen viele Gerüchte um, die sich meist gegenseitig widersprachen. Es hieß, im Getto sollten, so habe es die Regierung des Generalgouvernements Polen beschlossen, 120000 Juden bleiben, um der Wehrmacht mit der Produktion vorwiegend von Uniformen zu dienen. Man nahm auch an, die deutschen Beamten, insbesondere das Amt des Kommissars für den jüdischen Wohnbezirk, seien an der Aufrechterhaltung des Gettos interessiert, um ihre Posten nicht zu verlieren und nicht an die Front zu müssen. So versuchte man, sich zu trösten. Letztlich nahm niemand diese mehr oder weniger optimistischen Gerüchte ernst, es herrschte Panik, man befürchtete eine Katastrophe.
Mitte Juli intervenierte Adam Czerniaków mehrfach bei dem Kommissar für den jüdischen Wohnbezirk, Dr. Auerswald, wegen einer großen Zahl von Kindern (etwa 2000), die Lebensmittel schmuggelten, auf den Warschauer Straßen bettelten und daher von der polnischen Polizei aufgegriffen und ins Getto gebracht wurden. Sie befanden sich im Arrest. Czerniaków, der von Auerswald gehört hatte, daß dessen Frau hochschwanger sei, glaubte, aus diesem Umstand Nutzen für die verhafteten jüdischen Kinder ziehen zu können.
Er verfiel auf eine rührselige Idee: Er bestellte bei Tosia, die sich damals als Graphikerin versuchte und deren Arbeiten ihm seine Sekretärin bei verschiedenen Gelegenheiten gezeigt hatte, ein besonderes Geschenk für Auerswald – ein Foto-

album für das noch nicht geborene Kind. Das mit allerlei Zeichnungen und Bildern ausgestattete Album sollte vor allem Platz für Fotos bieten, die die einzelnen Stationen im Leben des Kindes illustrierten: den ersten Zahn, den ersten Geburtstag, den ersten Schultag und ähnliches.
Tosia mußte dieses Album blitzschnell herstellen, sie arbeitete Tag und Nacht und schaffte es für die Unterredung am 20. Juli im allerletzten Augenblick: Czerniaków war sichtlich zufrieden und Auerswald angeblich gerührt. Er versprach, die Entlassung der verhafteten Kinder unter bestimmten Bedingungen schon in den nächsten Tagen zu genehmigen. Tosia war glücklich, zur Errettung so vieler Kinder beigetragen zu haben. Nur hatte Auerswald in den nächsten Tagen nichts mehr zu sagen, er war von der SS entmachtet worden. Sein Kind, dessen Lebensweg Tosia farbenprächtig geplant hatte, starb schon bald nach der Geburt.
Am 20. und 21. Juli war für jedermann klar, daß dem Getto Schlimmstes bevorstand: Zahlreiche Menschen wurden auf der Straße erschossen, viele als Geiseln verhaftet, darunter mehrere Mitglieder und Abteilungsleiter des »Judenrates«. Beliebt waren die Mitglieder des »Judenrates«, also die höchsten Amtspersonen im Getto, keineswegs. Gleichwohl war die Bevölkerung erschüttert: Die brutale Verhaftung hat man als ein düsteres Zeichen verstanden, das für alle galt, die hinter den Mauern lebten.

Eine nagelneue Reitpeitsche

Das Wort »Flitterwochen« kommt, wie uns die Wörterbücher belehren, vom mittelhochdeutschen Verbum »vlittern«, welches soviel bedeutet wie »flüstern«, »kichern« oder »liebkosen«. Wie war es damit bei uns bestellt? Eine Hochzeitsreise haben wir nicht gemacht, sie blieb uns, Tosia und mir, erspart – sie hätte ja nur ein einziges Ziel haben können: die Gaskammer. Aber »Flitterwochen« – das ist ja ein zeitlicher Begriff, also muß es diese Wochen gegeben haben. In der Tat, es hat sie gegeben, nur gehören sie zu den schlimmsten, den schrecklichsten unseres Lebens.

Die in den Vormittagsstunden des 22. Juli 1942 begonnene und bis Mitte September dieses Jahres dauernde Ermordung der überwiegenden Mehrheit der Warschauer Juden wird in den historischen Darstellungen mit den damals üblichen Worten benannt. Es sind Vokabeln, die den Tatbestand verschleiern. So spricht man von der »Großen Aktion« oder auch von der »Ersten Aktion« oder gar, die behördliche deutsche Nomenklatur übernehmend, von der »Umsiedlungsaktion«. Indes: Die Juden wurden deportiert und also ausgesiedelt. Aber umgesiedelt? Wenn ja – wohin?

Täglich wurden Tausende auf Viehwaggons verladen, im Durchschnitt etwa sechs- bis siebentausend. Die höchste Zahl der an einem Tag Abtransportierten betrug den amtlichen deutschen Angaben zufolge 13 596 Personen. Die ersten Opfer waren jene, die der Gesellschaft, vor allem der sozialen Wohlfahrt, zur Last fielen. Es waren die Elendsten der Elenden: Die Gettomiliz hatte den Auftrag, die Obdachlosenasyle, die Waisenheime, die Haftanstalten und andere Unterkünfte für die Ärmsten zu leeren.

Die meisten alten und kranken Menschen wurden nicht in die Züge, sondern zum jüdischen Friedhof gebracht und dort

sofort erschossen. Daß man die Arbeitsunfähigen an Ort und Stelle hinrichtete, dahinter könne sich für die Nichtbetroffenen – dies glaubten, wie unwahrscheinlich es auch sein mag, manche Gettobewohner – doch etwas Positives verbergen: Die »Umsiedlung« müsse, meinten sie, nicht unbedingt und nicht in allen Fällen den Tod bedeuten, vielmehr deportiere man die Juden, weil man sie irgendwo und zu irgendwelchen Arbeiten brauche. Die Deutschen, hörte man, planten im Osten eine gewaltige Verteidigungslinie, vergleichbar mit der Siegfriedlinie im Westen. Vielleicht benötige man hierzu, hieß es, Hunderttausende von Arbeitern.
Letztlich vermochten derartige Gerüchte und Spekulationen niemanden zu beruhigen. Man begriff: Wer Menschen wahllos aufgreift und auf so barbarische, so wahrlich unmenschliche Weise in Viehwaggons pfercht (auch Frauen und Kinder), kann nicht die Absicht haben, sie für sich arbeiten zu lassen. Sehr bald wurden alle, ob arbeitsfähig oder nicht, auf den Straßen verhaftet und zum »Umschlagplatz« abgeführt. Sofort waren die Straßen menschenleer. Wer sich in den Wohnhäusern aufhielt, wurde aufgerufen, gleich in den Hof zu kommen, und wer dieser Aufforderung nicht folgte, wurde erschossen. Dennoch haben viele vorgezogen, sich in Kellern, auf den Dachböden oder sonstwo zu verstecken und eher die Erschießung an Ort und Stelle zu riskieren, als sich zum »Umschlagplatz« bringen zu lassen.
Dabei mußten die jüdischen Milizionäre helfen: Die SS hatte ihnen versprochen, sie würden mit ihren Familien im Getto, also am Leben bleiben dürfen. Trotz ihrer Todesangst waren nicht alle Milizionäre bereit zu tun, was ihnen die Deutschen befohlen hatten. Manche, die sich weigerten, wurden sofort hingerichtet, manche verübten Selbstmord. Aber die meisten haben in diesen Tagen und Wochen eine unrühmliche Rolle gespielt. Daß die SS nicht Wort gehalten hat, versteht sich von

selbst: Am Ende der »Ersten Aktion« wurden beinahe alle Angehörigen der Jüdischen Miliz von den wenigen ihresgleichen, die noch bleiben durften, zum »Umschlagplatz« gebracht und deportiert.

Die Frage, wohin die Transporte gingen, ließ sich schon Anfang August beantworten. Die jüdischen Wachtposten auf dem »Umschlagplatz« hatten die Nummern der Waggons notiert und mußten zu ihrer Verblüffung feststellen, daß die Züge keinen weiten Weg zurücklegten, daß sie keineswegs nach Minsk oder Smolensk gingen. Denn die Waggons waren schon nach wenigen Stunden, höchstens vier oder fünf, wieder in Warschau.

Bald wurde bekannt, daß alle Transporte zu einem nordöstlich von Warschau gelegenen und nicht viel über hundert Kilometer entfernten Bahnhof gingen, der zu Treblinka gehörte, einer kleinen benachbarten Ortschaft. Von diesem Bahnhof führte ein etwa vier Kilometer langes Nebengleis in eine dicht bewaldete Gegend, in der sich das Lager Treblinka befand. Wirklich ein Lager? Wenig später erfuhr man noch, daß dort kein Konzentrationslager war, geschweige denn ein Arbeitslager. Dort gab es nur eine Gaskammer, genauer: ein Gebäude mit drei Gaskammern. Was die »Umsiedlung« der Juden genannt wurde, war bloß eine Aussiedlung – die Aussiedlung aus Warschau. Sie hatte nur ein Ziel, sie hatte nur einen Zweck: den Tod.

Man machte sich im Getto keine Illusionen. Aber Hoffnungen? Ein neuer deutscher Begriff kam in Umlauf: »nützliche Juden«. Als »nützlich« galt, vermutete man, wer im Sinne der »Eröffnungen und Auflagen« von der »Umsiedlung« ausgenommen war. Doch wie sollte man nachweisen, daß man etwas »Nützliches« verrichte, wenn diejenigen, die das Getto systematisch durchkämmten, vor allem die Letten, die Litauer, die Ukrainer, die ihnen gezeigten deutschen Arbeitsbeschei-

nigungen ignorierten und oft gleich wegwarfen oder zerrissen? Am sichersten schien es, sich von den jeweiligen Arbeitsplätzen nicht zu entfernen. Dabei handelte es sich in der Regel um große Betriebe, die im Getto allerlei für deutsche Auftraggeber produzierten und deren deutsche Inhaber oder Chefs daran interessiert waren, die Deportation der bei ihnen beschäftigten Juden nicht zuzulassen. Denn diese Arbeitskräfte wurden überhaupt nicht oder nur minimal entlohnt.
Auch die Angestellten des »Judenrates«, dessen Personal schon stark reduziert war, wurden vorerst als »nützlich« eingestuft. Daher hielten wir uns, Tosia und ich, den ganzen Tag über in meinem Büro auf. Unerwartet erschien dort eine Verwandte Tosias, eine tüchtige und mutige Frau, die außerhalb des Gettos als Nichtjüdin lebte. Sie war gekommen, um Tosia mitzunehmen, also zu retten. Allerdings, sagte sie, sei es ihr nicht möglich, auch mich mitzunehmen. Das wäre zwecklos und gefährlich. Denn so, wie ich nun einmal mit meinen schwarzen Haaren aussehe, würde man mich als Juden erkennen und denunzieren – und auf der Stelle erschießen. Das sei jetzt gang und gäbe, sie selber habe neulich gesehen, wie eine Jüdin außerhalb des Gettos aufgedeckt und erschossen worden sei. Tosia hingegen könne – meinte jene Tante – durchaus als »Arierin« gelten. Sie solle sich die Sache rasch überlegen und gleich mitkommen, nur müsse sie sich eben von mir trennen. Auch derartiges sei doch heute gang und gäbe.
Ohne mit mir darüber zu reden, hat sich Tosia sofort entschieden. Sie sagte knapp, sie werde mich nicht allein lassen. Wir blieben zusammen, weiterhin. Daß eine Frau ihr Leben riskiert, um einen Freund, einen Geliebten, einen Ehemann zu retten, dieses Motiv kannte ich wohl – aus Opern, aus Balladen und Novellen. Damals, im Warschauer Getto, habe ich es zum ersten Mal in der Wirklichkeit erfahren.
Zwei- oder dreimal fanden im August im Amt des Judenrates

überraschende »Selektionen« statt. So nannte man das Verfahren, das dazu diente, einen Teil der von der Deportation Freigestellten doch zum »Umschlagplatz« zu treiben. Eine »Selektion« spielte sich folgendermaßen ab: Plötzlich mußten wir alle in den Hof gehen, uns in Kolonnen aufstellen und dann einzeln an einem SS-Führer vorbeimarschieren. Meistens war es ein junger, ein untergeordneter Mann, ein Unterscharführer etwa, mit einer hübschen Reitpeitsche in der Hand. Ihm hatte man zu sagen, wo und in welcher Eigenschaft man tätig sei, worauf er mit seiner Peitsche zeigte, ob man nach links oder nach rechts gehen sollte.

Auf der einen Seite standen jetzt diejenigen, die im Getto bleiben durften, auf der anderen jene, die zum »Umschlagplatz« und gleich in die Waggons gehen mußten. Die eine Seite bedeutete das Leben, das einstweilige, die andere den Tod, den sofortigen. Wonach entschied der Deutsche mit der hübschen Reitpeitsche? Richtete sich seine Auswahl nach irgendwelchen Gesichtspunkten? Wir hatten den Eindruck, daß kräftigere, arbeitsfähige Menschen eher Chancen hatten, auf die Seite des Lebens zu gelangen. Überdies hing es offensichtlich auch davon ab, wie man aussah. Schmuddelige, unordentlich gekleidete oder gar unrasierte Juden wurden sofort den für die Gaskammer bestimmten Kolonnen zugewiesen. Wer wie ich schwarzhaarig war, hat sich in jener Zeit zweimal täglich rasiert. Ich habe mir das bis heute nicht abgewöhnen können, ich rasiere mich immer noch zweimal täglich.

Oft allerdings hat sich der SS-Unterscharführer, der über unser Leben entscheiden durfte, nur von seiner Laune leiten lassen: Wie anders sollte man es sich erklären, daß er bisweilen auf einmal zwanzig oder dreißig Personen, darunter auch jüngere und adrett aussehende, mit einem gelangweilten Peitschenzeichen auf die Todesseite lenkte?

Wir, Tosia und ich, haben die August-»Selektionen« auf dem

Hof des »Judenrat«-Gebäudes überstanden. Auch meine Eltern, die ich dort in einem Nebengebäude untergebracht hatte, teilte man der Seite des Lebens zu. Tosias Mutter aber, die in einem Textilbetrieb Unterschlupf gesucht hatte, gehörte zu jenen, die im August zum »Umschlagplatz« getrieben wurden. Wir haben sie nie wiedergesehen. Als meine Mutter hörte, daß Tosia nun ganz allein war, sagte sie ihr sofort: »Du bleibst jetzt bei uns.« Wir waren meiner Mutter dankbar, daß sie dies für selbstverständlich hielt.

Unbegreifliches konnte man damals, also während der »Großen Aktion«, auf den Straßen des Gettos sehen: lange Menschenzüge, die, von niemandem bewacht oder getrieben, mit schwerem und, wie sich meist noch am selben Tag erwies, völlig überflüssigem Gepäck zum »Umschlagplatz« gingen. Sie folgten einer Bekanntmachung der jüdischen Miliz, die unter Berufung auf die deutschen Behörden allen, die sich freiwillig zur »Umsiedlung« meldeten, eine Lebensmittelzuteilung versprach: pro Person drei Kilogramm Brot und ein Kilogramm Marmelade. Zu diesem Zeitpunkt war noch nicht sicher, was sich hinter dem Wort »Umsiedlung« verbarg: Hunderte, an manchen Tagen sogar Tausende Verzweifelter und Hungernder meinten, am Ende der schrecklichen Bahnfahrt werde eine »Selektion« stattfinden, wenigstens ein Teil der Angekommenen könne, für harte Arbeit ausgewählt, überleben.

Aber jene, die sich nicht freiwillig zur Deportation meldeten, die nicht Selbstmord verübten (das taten alltäglich viele) und die nicht in den »arischen« Teil Warschaus flohen, was gerade während der »Großen Aktion« besonders schwierig und riskant war – worauf hofften sie? Ein Kollege im Amt des »Judenrates«, ein intelligenter und witziger Mann, flüsterte mir eine trockene, eine beinahe schnippische Bemerkung ins Ohr: »Von uns allen wird bleiben: eine kleine Delegation.

Mehr werden die lieben Deutschen nicht genehmigen.« Der Mann wurde für einen Pessimisten gehalten. Aber seine Voraussage war noch allzu optimistisch. Vorerst freilich wollten viele glauben, daß sie der »kleinen Delegation« angehören würden.

Ordnung, Hygiene, Disziplin

Die Mila-Straße in Warschau hat zwar keinen guten Ruf, aber eine Zeitlang erfreute sie sich in vielen Ländern einer auffallenden Popularität: Die Adresse »Mila 18« war beinahe weltberühmt, auch wenn jene, die sie immer wieder nannten, oft nicht recht wußten, was sich hinter ihr verbarg. Es handelt sich um eine arme, eine, offen gesagt, scheußliche Straße im nördlichen, vor dem Krieg vor allem von Juden bewohnten Teil Warschaus.
Daß sie außerhalb der polnischen Hauptstadt bekannt wurde, hat mit der Literatur zu tun. Der polnische Dichter Władysław Broniewski hat ihr kurz vor dem Zweiten Weltkrieg eines seiner schönsten Gedichte gewidmet. In ihm spricht er von dem schroffen Widerspruch zwischen dem freundlichen, dem liebevoll-zarten Straßennamen (»Mila-Straße« heißt soviel wie »Lieblichstraße«) und dem abstoßenden Leben, das sich dort alltäglich abspielt. Das Gedicht beginnt mit den Worten:
> Die Lieblichstraße – lieblich ist sie nicht.
> Die Lieblichstraße – betrete sie nicht, meine Liebste.

Und es endet:
> Und selbst wenn ich zu dir dränge,
> meide ich die Lieblichstraße,
> denn wer weiß, ob ich mich dort nicht erhänge.

Allerdings kennt man den Dichter Władysław Broniewski, einen der bemerkenswerten polnischen Lyriker des 20. Jahrhunderts, außerhalb Polens kaum – und das unübersetzbare Gedicht »Mila-Straße« schon gar nicht.
Einem amerikanischen Autor unterhaltsam-spannender Romane, Leon Uris, blieb es vorbehalten, der Mila-Straße internationale Bekanntheit zu verschaffen: Er ließ 1961 seinem sensationellen Bestseller »Exodus« einen zweiten Roman fol-

gen, der ebenfalls ein Welt-Bestseller wurde – den Roman »Mila 18«. In diesem Haus, genauer: in dessen geräumigem Keller-Bunker befand sich die Kommandantur der Jüdischen Kampforganisation, hier war das Zentrum des Aufstands im Warschauer Getto.

Unmittelbar nach der »Großen Selektion« erfuhren wir, Tosia und ich, daß man uns unsere bisherige Wohnung weggenommen hatte. Denn während diese »Selektion« im Gange war, wurden die Grenzen des Gettos von den deutschen Behörden blitzschnell enger gezogen: Die Straße, in der wir noch vor einigen Stunden gewohnt hatten, gehörte jetzt nicht mehr dazu, wir durften sie nicht mehr betreten. Doch von weitem konnten wir sehen, daß dort zahlreiche Lastwagen und riesige Möbelwagen standen: Die SS-Formation »Werterfassung« war schon mit dem Abtransport aller Habseligkeiten jener beschäftigt, die inzwischen auf dem Weg nach Treblinka waren. Wir verstanden, warum es, als wir uns der »Großen Selektion« zu stellen hatten, verboten gewesen war, unsere Wohnungen abzuschließen. Ja, es war alles gut geplant, gut organisiert.

Nun warteten wir in einer langen Kolonne auf die Zuteilung einer Unterkunft, womöglich einer neuen Wohnung. Wir wurden in die Mila-Straße geführt; an die Hausnummer kann ich mich nicht mehr erinnern. Die Wohnung, die wir bekamen, bestand aus einem Zimmer, einer Küche und einem winzigen Waschraum. In diesen Wänden hatten vor fünf, höchstens zehn Stunden Menschen gelebt, wohl ein Ehepaar, das sich jetzt im überfüllten Viehwaggon nach Treblinka befand. Nein, vermutlich waren die beiden dort schon angelangt und von SS-Männern aus den Waggons getrieben worden. Vielleicht erklärte ihnen gerade jetzt ein ernster, ein ruhiger Offizier, sie seien in einem Durchgangslager und müßten sich, bevor sie in ein Arbeitslager kämen, ausziehen – Männer und

Frauen getrennt, wie es sich schickt. Dann sollten sie gründlich duschen, denn die Hygiene sei nun einmal oberstes Gesetz. Daher werde auch ihre Kleidung desinfiziert. Geld und Wertsachen seien abzugeben, aber sie würden sie, versteht sich, nach dem Duschen zurückerhalten. Denn Ordnung muß sein. Und: Hier herrsche strenge Disziplin, deutsche Disziplin.
Oder waren die beiden Neuankömmlinge aus Warschau schon nackt und in dem »Schlauch«, wie der Pfad genannt wurde, der zur Gaskammer führte? Möglich, daß sie bereits in der Gaskammer standen, dicht neben meiner nackten Mutter und meinem nackten Vater, in der Gaskammer, die einem Duschraum ähnelte und an deren Decke Röhren angebracht waren. Doch kein Wasser strömte aus diesen Röhren, sondern das von einem Dieselmotor produzierte Gas. Etwa dreißig Minuten dauerte es, bis alle, die sich in der Gaskammer drängten, erstickt waren. In ihrer Todesangst, in ihren letzten Augenblicken haben die Sterbenden Darm und Blase nicht beherrschen können. Die meist mit Kot und Urin besudelten Leichen wurden rasch beseitigt – um Platz zu machen für die nächsten Juden aus Warschau.
Wir aber waren in der Mila-Straße, in jener kleinen Wohnung, die heute früh von zwei Menschen offenbar in größter Eile verlassen worden war. Schweigend, beklommen, blickten wir umher. Die Betten waren nicht gemacht, der Küchentisch war nicht abgeräumt, auf einem Teller lag noch, neben zwei halbvollen Gläsern Tee, ein angebissenes Stück Brot, und es brannte noch das Licht im Waschraum. Auf einen Stuhl hatte jemand einen Rock hingeworfen, an der Lehne hing eine Bluse. Die Kleider, die Möbel, die beiden Sofakissen und der Teppich – das alles schien noch zu atmen.
Und sie, deren schön gerahmte Fotos zusammen mit einigen anderen Bildern die Kommode schmückten, sie, die hier

gewohnt, hier geliebt und gelitten hatten, atmeten sie noch? Wir wagten es nicht, daran zu denken. Hatten wir denn überhaupt keine Skrupel, keine Hemmungen, die kleine Wohnung in der Mila-Straße in Besitz zu nehmen? Aufs höchste verwundert, aufs tiefste beschämt gestehe ich: Wir hatten keine Skrupel, wir kannten keine Hemmungen, wir brauchten keinen Widerstand zu überwinden. Und diejenigen unserer Freunde und Kollegen, die, vorerst ebenfalls der Gaskammer entgangen, unsere Nachbarn in der Mila-Straße wurden – auch sie richteten sich jetzt in den ihnen zugewiesenen Wohnungen ein, schnell und hastig und, zumindest dem Anschein nach, ohne Bedenken.

Hatte das Unmenschliche, dessen Zeugen und Opfer wir alle waren, auch uns unmenschlich gemacht? Jedenfalls waren wir abgestumpft: Wir hatten sehen müssen, wie die Unsrigen zu den Zügen nach Treblinka getrieben wurden. Wir aber waren verschont geblieben. Nur trauten wir der Rettung nicht: Wir fürchteten, nein, wir waren überzeugt, daß man uns bloß eine kurze Schonfrist gewährt hatte. Die Wohnungen in der Mila-Straße, wir ahnten es, würden nie unsere werden, es waren bloß einstweilige Unterkünfte für die letzten Monate, vielleicht die letzten Wochen des Warschauer Gettos.

Jetzt, im Herbst 1942, gab es im Restgetto 35000 Juden mit »Lebensnummern« und rund 25000, die der Deportation irgendwie entgangen waren, doch keine »Lebensnummer« hatten; sie wurden die »Wilden« genannt. Bald erfuhren wir, wie sich unser Dasein unter den neuen Bedingungen abspielen sollte. Wir durften nicht mehr einzeln auf die Straße gehen, wir mußten morgens in Kolonnen zum Arbeitsplatz marschieren und abends in Kolonnen zurückkehren.

Im Amt des »Judenrates« war ich weiterhin für Übersetzungen zuständig und für die immer noch geführte Korrespondenz mit deutschen Behörden. Auch Tosia hatte ich dort

untergebracht, sie war mit kleinen graphischen Arbeiten beschäftigt, sie fertigte Schilder und Aufschriften an. Ein Gehalt bekam sie nicht, aber das war ohne Bedeutung, denn es kam vor allem darauf an, einen Arbeitsplatz zu haben, an dem man sicherer war als in der Wohnung oder gar auf der Straße. Die Deportation lief zwar aus, doch ganz abgeschlossen war sie nicht: Noch wurden, wenn auch nicht mehr täglich, Waggons mit Juden, die die SS irgendwo aufgegriffen hatte, nach Treblinka geleitet. Da geschah es, daß ich einmal ohne Tosia im Büro war, denn sie sollte mit einer anderen Kolonne etwas später nachkommen – und kam nicht. Plötzlich wurde ich benachrichtigt, sie sei auf dem »Umschlagplatz«. Niemand konnte wissen, wann der nächste Zug abgehen würde. Man mußte sofort handeln: Ich suchte jenen rabiaten Kommandanten der jüdischen Miliz auf dem »Umschlagplatz«, der meinen Eltern für die Fahrt zur Gaskammer ein Brot gegeben hatte. Ich fand ihn. Es war gerade ein ruhiger Tag, an dem es keine SS-Leute auf dem »Umschlagplatz« gab. So konnte er Tosia freilassen. Sie kam zu mir, aufgeregt und aufgelöst. Wie sie auf den »Umschlagplatz« geraten war und was sie dort erlebt hatte, wollte oder konnte sie mir nicht erzählen. Ich habe es nie erfahren. Nur glaube ich bis heute, daß die Krankheit, an der sie nach dem Krieg, zumal ab 1950, leiden mußte, in jenen Stunden ihren Anfang genommen hat. Wer, zum Tode verurteilt, den Zug zur Gaskammer aus nächster Nähe gesehen hat, der bleibt ein Gezeichneter – sein Leben lang.
Unheimlich war es im Getto immer, doch die Zeit, die uns im Herbst 1942 bevorstand, unterschied sich von der vorangegangenen vor allem dadurch, daß im kleinen Restgetto vorerst nichts geschah. Die einst überfüllten Straßen waren den ganzen Tag über leer, es blieb ganz still, freilich war es eine gespannte, eine, wenn man so sagen darf, schrille Stille. Die

Ruhe eines Friedhofs? Ja, aber vor allem die Ruhe vor dem Sturm. Denn niemand glaubte ernsthaft, die Deutschen hätten sich unversehens entschlossen, die noch lebenden Juden nicht zu ermorden, niemand traute den vielen Gerüchten, die besagten, bald würde sich alles normalisieren, die SS würde wieder Gottesdienste dulden und vielleicht sogar Theateraufführungen und Konzerte erlauben. Sollten etwa – fragte man sich – derartige Gerüchte aus deutschen Quellen stammen und die jüdische Bevölkerung irreführen? Andererseits hörte man immer häufiger, es werde bald wieder eine »Aktion« geben, man müsse mit der nächsten »Umsiedlung«, mit der nächsten Deportation nach Treblinka rechnen: Unentwegt wurden Termine genannt, die uns in höchste Aufregung versetzten.

Alle wußten wir: Diese »Zweite Aktion« werde mit Sicherheit früher oder später erfolgen und wir dürften auf keinen Fall die Entwicklung untätig abwarten. Manche planten, aus dem Getto in den »arischen« Teil Warschaus zu fliehen. Das war äußerst schwierig und mit einem enormen Risiko verbunden. Wer außerhalb des Gettos von der Existenz eines Juden wußte und diesen nicht sogleich anzeigte, wer ihm gar half und Unterkunft gewährte, dem drohte – zusammen mit seiner Familie – die Todesstrafe. Die Juden, die man in den »arischen« Stadtteilen aufgedeckt hat – denn viele waren schon vor der »Ersten Aktion« geflohen oder überhaupt nicht ins Getto gegangen –, wurden meist sofort erschossen.

Aber auch diejenigen, die die Flucht fürchteten, waren entschlossen, die Zeit bis zu den nächsten Maßnahmen der Deutschen auf keinen Fall untätig verstreichen zu lassen. Die Keller mancher Häuser wurden mit großer Mühe und viel Geschick in Schutzräume umgebaut, die mit Lebensmitteln und Wasservorräten versorgt, an die Wasserleitungen angeschlossen wurden und bisweilen sogar an das unterirdische Kanalnetz, durch das man aus dem Getto fliehen konnte. Im

Falle einer abermaligen Deportation wollte man sich dort verbergen und sie auf diese Weise vielleicht überdauern.

Vor allem wurde beschlossen, der zu erwartenden nächsten »Umsiedlung« offenen Widerstand zu leisten – mit der Waffe in der Hand. Eine derartige (natürlich hoffnungslose) Auflehnung gegen die Deutschen hatten Vertreter verschiedener jüdischer Organisationen auf einer gemeinsamen Sitzung schon am 22. Juli 1942 erörtert, allerdings mit negativem Ergebnis: Da im Getto Waffen kaum vorhanden waren, hätte der Widerstand, meinte man zu jener Zeit, nicht einmal symbolische Bedeutung gehabt. Jetzt, im Herbst 1942, war die Situation ganz anders: Jugendgruppen und politische Parteien hielten den Augenblick für gekommen, sich zusammenzuschließen. Die Jüdische Kampforganisation (später benutzte man die polnische Abkürzung ZOB) wurde gegründet. Vor allem mußten Waffen beschafft werden, sie waren noch am ehesten bei polnischen Untergrundorganisationen zu erhalten. Alles mußte sehr schnell geschehen, denn man rechnete mit der nächsten Deportation im Dezember, spätestens im Januar 1943.

Mitte Januar gab es wieder einmal beruhigende Gerüchte, die offensichtlich aus deutschen Quellen stammten und nichts anderes bezwecken sollten, als die Wachsamkeit der Juden einzuschläfern. Am 18. Januar wurden wir kurz nach sechs Uhr morgens vom Lärm auf der Straße geweckt. Ich sprang ans Fenster und sah trotz der Dunkelheit Hunderte wenn nicht gar Tausende von Juden, die eine Marschkolonne bildeten. Von unserer Haustreppe hörte ich laute, rüde Kommandos. Ich verstand, daß alle, die nicht sofort ihre Wohnung verließen und sich auf der Straße einfänden, an Ort und Stelle erschossen würden. Wir zogen uns so schnell wie möglich an und liefen hinaus. Zweierlei fiel mir gleich auf: Die Kolonne vor unserem Haus, von der wir nicht wußten, wo sie begann und wo sie endete, wurde von einer viel größeren Zahl von Gendarmen bewacht als früher: Die Posten standen, mit schußbereiter Waffe in der Hand, nur zehn oder fünfzehn Meter voneinander entfernt. Sie trugen deutsche Uniformen, es waren, anders als früher, nicht Letten, Litauer oder Ukrainer, sondern, wie die Sprache ihrer zornigen, wütenden Rufe und Befehle erkennen ließ, wirklich Deutsche und vorwiegend Österreicher.

Nach wenigen Minuten würden wir in Marsch gesetzt. Wir zweifelten nicht, wohin er führte: zum »Umschlagplatz«. Es war ebenfalls klar, daß wir an diesem stets überfüllten und auf abscheuliche Weise besudelten Warteraum für die Passagiere, die für die Gaskammer bestimmt waren, sehr bald ankommen würden. Denn die Mila-Straße war nicht weit vom Ziel unseres langsamen Schweigemarsches entfernt. Ich flüsterte Tosia ins Ohr: »Denk an die Dostojewski-Anekdote.« Sie wußte genau, was ich meinte.

In Stefan Zweigs vor und auch noch nach dem Krieg besonders populären »Sternstunden der Menschheit« betrifft eine der »historischen Miniaturen« ein ungewöhnliches Ereignis aus dem Leben von Dostojewski. Nachdem er 1849 aus politischen Gründen zum Tode verurteilt worden war, hatte man ihm, Stefan Zweig zufolge, auf der Hinrichtungsstätte schon das Sterbehemd angezogen, ihn schon mit Stricken an Pfähle gefesselt und ihm die Augen verbunden. Da hörte man plötzlich einen Schrei: Halt! Im letzten, im allerletzten Moment kam ein Offizier mit einem Dokument: Der Zar hatte das Todesurteil kassiert und die Strafe in eine mildere verwandelt.

Diese Miniatur über Dostojewski hatte mich, obwohl sie in literarischer Hinsicht ziemlich fatal ist, zusammen mit einigen anderen Stücken aus Zweigs »Sternstunden der Menschheit« in meiner Gymnasialzeit beeindruckt. Ich hatte sie Tosia erzählt – und in den Reihen zum »Umschlagplatz« erinnerte ich sie an diesen von Stefan Zweig geschilderten und zum Teil frei erfundenen Vorfall. Ich wollte sie beschwören, sollten wir getrennt werden, nur ja nicht zu früh aufzugeben. Freilich war es hier mit Anekdotischem, mit Literarischem nicht getan. Da der Weg zum »Umschlagplatz« sehr kurz war, konnte uns die Flucht aus der Kolonne nur jetzt gelingen oder nie – zumal die Flucht aus dem Eisenbahnzug nach Treblinka so gut wie unmöglich war.

Auf jene, die jetzt aus der Kolonne ausscherten, wurde sofort geschossen – nicht wenige blieben auf dem Straßendamm liegen. Aber dieses Risiko mußte man in Kauf nehmen. Ich gab Gustawa Jarecka, die mit ihren beiden Kindern in unserer Reihe stand, ein Zeichen, daß wir ausbrechen wollten, und sie uns folgen solle. Sie nickte. Schon wollte ich fliehen, doch den tödlichen Schuß befürchtend, zögerte ich noch einen Augenblick. Da zerrte mich Tosia aus der Reihe, wir rannten in das Tor eines schon im September 1939 zerstörten Hauses in dieser lieblichen, dieser Mila-Straße. Gustawa Jarecka folgte uns nicht, sie ist mit ihren beiden Kindern im Waggon nach Treblinka umgekommen.

Andere aus unserer Kolonne, die etwas später als wir geflohen waren, berichteten, daß einer der Gendarmen auf uns zu schießen versucht habe. Haben uns seine Schüsse verfehlt? Hat sein Gewehr nicht funktioniert? Oder hat er, dieser Deutsche oder Österreicher, vielleicht nicht schießen wollen, hat er gar, die ihm erteilten Befehle ignorierend, Hemmungen gehabt, uns zu töten?

Von dem Tor der Hausruine in der Mila-Straße sprangen wir in einen Keller, der zu unserer Verwunderung mit anderen Kellern verbunden war. Offenbar hatte man hier die Mauern durchbrochen, um einen Bunker zu bauen. So kamen wir in den letzten, von der Straße schon ziemlich weit entfernten Keller. Hier hörte man keine Schreie und keine Schüsse, hier

war es vollkommen still – und hier blieben wir bis zum Abend. Niemand suchte uns.
Abends konnte man dieses Versteck verlassen. Am nächsten Morgen verbargen wir uns zusammen mit einigen unserer Freunde in einem unbenutzten Haus des »Judenrates«, in dem Tausende von Büchern und Akten aus dem Archiv der alten jüdischen Gemeinde Warschaus lagerten. In dem großen Raum, zu dem nur ein Eingang existierte, verbarrikadierten wir uns – eben mit Hilfe von unzähligen uralten Büchern. Dort hofften wir, die »Aktion« zu überleben. In der Tat: Die Bücher haben uns das Leben gerettet.
Möglich war dies, weil die »Zweite Aktion« schon am vierten Tag, also am 21. Januar 1943, nach der »Umsiedlung« von etwa fünf- bis sechstausend Juden, abgebrochen wurde. Die deutschen Befehlsstellen entschieden sich, sie nicht fortzusetzen, obwohl nur die Hälfte der auf dem »Umschlagplatz« wartenden Waggons nach Treblinka abgefahren war, die andere Hälfte aber weiterhin der SS zur Verfügung stand. Der Grund: Während dieser »Zweiten Aktion« hatte sich etwas ereignet, womit die Deutschen nicht gerechnet hatten – die Juden leisteten bewaffneten Widerstand. Doch war es klar, daß man die weitere »Umsiedlung« bloß verschoben hatte und daß die SS, nunmehr den bewaffneten Widerstand einkalkulierend, den Rest der Juden ermorden und das Getto endgültig liquidieren werde.
Der Jüdischen Kampforganisation gehörte ich nicht an, doch an einer ihrer Widerstandsaktionen nahm ich teil – beinahe zufällig. Wenn man nach der Januar-Deportation dem sicheren Tod entgehen wollte, mußte man, das ließ sich jetzt weder verkennen noch verdrängen, unbedingt und so schnell wie möglich aus dem Getto fliehen. Aber damit ein Jude im »arischen« Teil der Stadt überhaupt existieren konnte, waren drei Voraussetzungen nötig. Erstens: Man brauchte Geld oder

Wertsachen, um sich falsche Personaldokumente zu kaufen, ganz zu schweigen davon, daß man mit Erpressungen rechnen mußte. Zweitens: Man durfte nicht so aussehen und sich so verhalten, daß die Polen Verdacht schöpfen konnten, man sei ein Jude. Drittens: Man benötigte außerhalb des Gettos nichtjüdische Freunde und Bekannte, die zu helfen bereit waren. Wenn bei einem Juden, der in den »arischen« Stadtteil fliehen wollte, von diesen drei Voraussetzungen nur zwei zutrafen, dann war seine Situation schon bedenklich, wenn nur eine zutraf, dann waren seine Chancen minimal. Bei mir jedoch traf keine der drei Voraussetzungen zu. So war es in meinem Fall eigentlich sinnlos, zu fliehen. Ich hatte kein Geld und auch keine Freunde außerhalb des Gettos, und jeder – die Polen haben hierfür ein erstaunliches Gespür – erkannte in mir sofort einen Juden. Bei Tosia war es kaum besser. Nur meinten wir, sie würde nicht wie eine Jüdin ausschauen, doch bald mußten wir uns überzeugen, daß man sich darauf nicht verlassen konnte.

Ich machte mir Gedanken, was man unter diesen Umständen ändern könnte. Vielleicht ließe sich rasch etwas Geld beschaffen? Wenige Tage nach dem Ende der »Zweiten Aktion« saßen wir mit zwei Freunden abends in der Mila-Straße in einem Keller und waren uns darin einig, daß unsere Lage hoffnungslos sei. Es sei doch ein Skandal, sagte ich beiläufig, daß der »Judenrat« immer noch wöchentlich Geld an die Deutschen zahle. Sollte man nicht die Kasse des »Judenrates« überfallen? Ganz ernst meinte ich es wohl nicht. Aber einer der Anwesenden, ein junger Mann, von dem ich wußte, daß er der Jüdischen Kampforganisation angehörte, zeigte sich sofort an der abenteuerlichen Idee interessiert. Er bat uns, vorerst mit niemandem darüber zu sprechen.

Am nächsten Tag sagte er uns, daß man die Sache wahrscheinlich machen werde, nur müßten wir mithelfen. Ich hatte die für den Überfall benötigten Angaben zu liefern: über das Modell der Kasse im Haus des »Judenrates«, über den Zugang zum Kassenraum und über die Türschlösser. Im Gespräch mit dem Kassierer, den ich ganz gut kannte, hatte ich zu ermitteln, an welchem Tag die jetzt bevorstehende Geldübergabe an die deutsche Behörde erfolgen sollte. Ferner hatte ich Briefpapier des »Judenrates« zu entwenden, auf dem Tosia die Unterschrift des Obmanns fälschte – was ihr nicht schlecht gelang. Wozu die Organisation diesen Brief samt Unterschrift brauchte, sagte man uns nicht.

Die Operation wurde in der Nacht vom 30. auf den 31. Januar durchgeführt, doch ganz anders, als wir es vermutet hatten: Kein Türschloß wurde aufgebrochen – und auch nicht die Kasse. Die Jüdische Kampforganisation hat eine mildere und bessere Lösung gefunden. Einige ihrer Mitglieder, verkleidet als jüdische Milizionäre, weckten den Kassierer nachts in seiner Wohnung und überreichten ihm ein Schreiben des Obmanns des »Judenrates«, das ihn aufforderte, sofort zu kommen und die Kassenschlüssel mitzubringen. Es seien, wurde dem erschrockenen Kassierer erklärt, plötzlich Deutsche erschienen, die eine größere Summe forderten. Er war mißtrauisch, tat dann aber, was man von ihm verlangte.

Als am nächsten Morgen bekannt wurde, daß der jüdischen Organisation ein derartiger Überfall gelungen war und daß sie sich des für die Deutschen bestimmten Geldes – es waren über 100000 Zloty – bemächtigt hatte, war die allgemeine Freude groß. Der Obmann des »Judenrates« meldete den Vorgang sofort den deutschen Behörden. Sie schickten Spezialisten, die allerlei untersuchten und nichts herausfanden. Der Freund, der die Verbindung zur Jüdischen Kampforganisation hergestellt hatte, teilte uns mit, man habe beschlossen, den größten Teil der Beute für den Kauf von Waffen zu verwenden. Aber Tosia und mir wolle man als Anerkennung für unsere Idee und unsere Hilfe eine Prämie auszahlen – pro Person etwa fünf Prozent des beschlagnahmten Betrags. Dies solle uns die Flucht aus dem Getto erleichtern.

Vor der »Zweiten Aktion« wollte ich die Möglichkeit, in den »arischen« Stadtteil zu fliehen, nicht recht ins Auge fassen: Ich fürchtete die ständige Abhängigkeit von jedem Nachbarn, von jedem Passanten, ich wußte wohl, daß mich jedes Kind denunzieren konnte. Die Wahrscheinlichkeit, daß ich außerhalb des Gettos rasch umkommen würde, betrage, glaubte ich, 99 Prozent. Im Getto aber stand mir der Tod bevor, und zwar mit hundertprozentiger Sicherheit. Ich mußte diese minimale Chance wahrnehmen, wir mußten sie wahrnehmen. Zwischen Tosia und mir gab es in dieser Angelegenheit keinen Meinungsunterschied.

Ein Musiker, ein ausgezeichneter Geiger, gab uns die Adresse einer polnischen proletarischen Familie, der es schlechtging und die bereit war, natürlich gegen eine angemessene Bezahlung, Juden zu beherbergen. Er selber wollte später ebenfalls aus dem Getto fliehen. Er ist in Treblinka umgekommen. Als wir uns verabschiedeten, sah er uns traurig an, aber er sagte kein Wort. Als wir schon an der Tür standen, nahm er seine auf einer Kommode liegende Geige in die Hand. Er spielte, wohl etwas langsamer und elegischer als sonst, die ersten Takte des Allegro molto aus Beethovens Quartett opus 59, Nr. 3, C-Dur.

Wie sollten wir die Gettogrenze überschreiten? Zwei Möglichkeiten kamen in Frage. Wir konnten uns einer Kolonne anschließen, die frühmorgens zur Arbeit ging; und wir mußten uns, wenn wir schon außerhalb des Gettos waren, von ihr lösen, das Armband mit dem Davidstern schnell wegwerfen und irgendwohin fliehen. Allerdings durften wir nicht das geringste Gepäck in der Hand haben, wir durften nichts mitnehmen. Die andere Möglichkeit: Man konnte nachmittags, etwa zwischen siebzehn und achtzehn Uhr, rauskommen, wenn die Arbeitskolonnen zurückkehrten und die Grenzposten ganz und gar von den leidenschaftlich betriebenen Leibesvisitationen in Anspruch genommen waren.

Der zweite Weg hatte den Vorzug, daß man wenigstens ein kleines Köfferchen mitnehmen konnte. Natürlich mußte man die Grenzposten bestechen. Das erledigte der jüdische Milizionär, der die Flucht organisierte: Er ehielt die Bestechung und teilte den Betrag mit dem deutschen Gendarmen und mit dem polnischen Polizisten. Dies sagte er mir, als wir die Höhe der Bestechung aushandelten. Aber er hat mich betrogen: Er behielt das Geld für sich. Als seine angeblichen Teilhaber, der Deutsche und der Pole, uns auf dem mit Scheinwerfern stark beleuchteten Grenzbereich den Rücken zuwandten, rief er uns zu: »Jetzt geht geradeaus, schnell!« Das taten wir: Wir gingen schnell geradeaus. Wir hatten kaum mehr als zwanzig Schritte gemacht – und wir befanden uns schon außerhalb des Gettos. Es war der 3. Februar 1943. Was uns im nichtjüdischen Teil Warschaus erwartete, sollten wir schon nach zwei, drei Minuten erfahren.

Ein Brief

London, 13. Juni 1986

Lieber Freund Marcel Reich-Ranicki
und liebe Frau R.R.,
infolge meiner Geburtstagsfeierlichkeiten schreibe ich gerade Euch und spreche Euch meinen tiefsten Dank aus.
Sie haben eine Frage geäußert, die viele Menschen quält: Wie kann das Gute und Böse gemeinsam dem menschlichen Herzen innewohnen?
Natürlich geschieht das nicht gleichzeitig (nicht immer und nicht ganz), weder im gleichen Maß noch bei jedem in gleicher Weise. Doch, der Mensch kann sich von allem scheinbar Unzuvereinbarendem überzeugen, kann aus tiefster (und zugleich hypokritischer) Gottesfurcht töten, brennen, quälen – aus Liebe zu seinem Volk wie aus Gier nach Reichtum, Macht, Indolenz oder Lust alles mögliche an Grausamkeit begehen.
Die Natur an sich kennt weder Gutes noch Böses, nur bei Tieren und Menschen sieht das Böse oft tatsächlich *häßlich* aus.
Ich glaube, unsere Erziehung trägt dazu bei, diese Selbstverwirrung noch zu stärken – *überall*.
Kurt Hoher wußte das und hat die ungefähr sechs Kollegien gegründet, in Europa, Kanada, Asien, und nach seinen Überzeugungen geleitet. Mitgefühl, Intellekt, Kunst und Arbeitsförderung, eine Art altgriechischer Konzeption – solche Schulen könnten bessere Menschen, d. h. besser sich selbst verstehende, sich selbstkritisch beobachtende Menschen, stolz und bescheiden zugleich auf das Leben aller lebendigen Wesen, hervorbringen.
Es gibt Musik und Dichtung und Architektur und Menschen, die uns an solches erinnern können – wie eine mahnende alte Tante an unser bestes Benehmen.
Diese Gedanken an Euch in einem Dankesbrief.

Umarmend, Yehudi Menuhin

Ein Traum

Es ist der 12. März 1999, Tosias Geburtstag, der Tag, an dem ihr achtzigstes Lebensjahr beginnt. Wir sind allein, es ist sehr still, ein später Nachmittag. Sie sitzt, wie immer, auf dem schwarzen Sofa vor einer unserer Bilderwände, hinter ihr die Porträts von Goethe, Kleist, Heine und Fontane, von Thomas Mann, Kafka und Brecht. Auf dem Schränkchen neben dem Sofa stehen einige Fotos: Andrew, mein Sohn, jetzt fünfzig Jahre alt, nach wie vor Professor der Mathematik an der Universität von Edinburgh, und Carla, seine Tochter, bald zwanzig Jahre alt, Studentin der Anglistik an der Universität von London.

Ich sitze Tosia gegenüber und tue nichts anderes als das, womit ich einen beträchtlichen Teil meines Lebens verbracht habe: Ich lese einen deutschen Roman. Aber ich kann mich nicht recht konzentrieren und lege das Buch auf den niedrigen Tisch. Für einen Augenblick trete ich auf unseren großen, viel zu selten benutzten Balkon. Das Wetter ist freundlich und angenehm, die Sonne geht unter, es ist ein schönes, vielleicht, wie üblich, ein etwas zu schönes, ein gar zu feierliches Schauspiel. Ich kann mich nicht erinnern, von diesem Balkon aus, obwohl wir hier schon über 24 Jahre wohnen, einen Sonnenuntergang gesehen zu haben. Ist mir Natur etwa gleichgültig? Nein, gewiß nicht. Aber mir ergeht es wie manch einem deutschen Schriftsteller – sie langweilt mich rasch. Auch jetzt werde ich etwas unruhig und kehre unschlüssig ins Wohnzimmer zurück.

Tosia liest ein polnisches Buch, es sind Gedichte von Julian Tuwim. Ganz leise setze ich mich hin, ich will sie nicht stören. Sucht sie in der Lyrik ihre, unsere Jugend? Bald werden es sechzig Jahre sein, daß wir zusammen sind. Immer wieder haben wir versucht, unsere Trauer zu vergessen und unsere

Angst zu verdrängen, immer wieder war die Literatur unser Asyl, die Musik unsere Zuflucht. So war es einst im Getto, so ist es bis heute geblieben. Und die Liebe? Ja, es gab Situationen, unter denen Tosia viel gelitten hat. Es gab auch, weit seltener freilich, Situationen, unter denen ich gelitten habe. In seinem »Tristan« schrieb vor etwa achthundert Jahren Gottfried von Straßburg: »Wen nie die Liebe leiden ließ, / dem schenkte Liebe niemals Glück.« Wir haben viel Leid erfahren, und viel Glück wurde uns geschenkt. Doch was auch geschah, an unserer Beziehung hat es nichts geändert, nichts.
Es ist immer noch ganz still, man hört kaum einen Hauch. Tosia blickt vom Buch auf und sieht mich an, lächelnd und fragend, als würde sie spüren, daß ich ihr etwas mitzuteilen habe. »Weißt du, jetzt, auf unserem Balkon, als die Sonne unterging, da ist mir eingefallen, womit ich das Buch abschließen werde.« »Ja«, sagt sie erfreut und will wissen: »Womit?« »Mit einem Zitat.« Ich schweige, sie lächelt wieder, diesmal, wie mir scheint, mild ironisch: »Und du meinst, daß mich das überrascht? Also los: Was zitierst du?« »Ein schlichtes Wort von Hofmannsthal« – antworte ich. Sie wird etwas ungeduldig: »Ja, aber was denn nun? Verrat' es mir doch endlich.« Ich zögere einen Augenblick, dann sage ich: »Also enden soll es mit den Versen:

Ist ein Traum, kann nicht wirklich sein,
daß wir zwei beieinander sein.«

Nachbemerkung

»Wir sitzen alle im gleichen Zug, / Und reisen quer durch die Zeit.« So beginnt Erich Kästners »Eisenbahngleichnis«. Und es endet: »Wir sitzen alle im gleichen Zug, / Doch manche im falschen Coupé«. Das Gedicht ist enthalten in der »Lyrischen Hausapotheke«, jenem Gedichtzyklus, den Teofila Reich-Ranicki 1941 im Warschauer Getto von Hand abgeschrieben und illustriert hat – zu einer Zeit, als Leben, Überleben für sie selbst wie für viele andere nur am Rande des Todes möglich war. Teofila Reich-Ranicki hat den grausamen Alltag des Gettos in Aquarellen festgehalten, und eindringlich hat Marcel Reich-Ranicki in seiner Autobiographie jene Zeit geschildert.
Die Texte des vorliegenden Bandes sprechen von der Herkunft, der Familie und den ersten Eindrücken des Schülers, von seiner Begegnung mit der Musik, von der Wirtschaftskrise, der Übersiedlung der Familie von Włocławek an der Weichsel nach Berlin, vom Beginn der Gymnasialzeit 1930. Sie erzählen von der Lektüre des Jugendlichen, der sich Viktor von Scheffel und Felix Dahn mit gemischten Gefühlen näherte, dann aber begeistert Erich Kästner entdeckte. Die Familie, die gerade nach Berlin gekommen war, diskutierte erneut die Frage: bleiben oder gehen. Man entschied sich für Polen.
In Warschau begegnet Marcel – unter ungewöhnlichen Umständen – einem neunzehnjährigen Mädchen, Teofila, genannt Tosia; der Tod ihres Vaters führt sie zusammen. 1941 dann, im Warschauer Getto, macht sie ihm die Abschrift der »Lyrischen Hausapotheke« zum Geschenk. Von hier bis zur ersten persönlichen Begegnung mit Erich Kästner im Jahr 1957 war es ein weiter Weg.
Von Monat zu Monat verschlechterte sich die Lage im Getto,

die Beschaffung von Lebensmitteln wurde immer schwieriger, die Deportationen setzten ein, und deutsche Offiziere drehten Filme darüber, um Souvenirs mit nach Hause zu bringen. Doch das Leben im Getto mit seinen Schrecken rief auch Widerstand hervor, Widerspruch und Menschlichkeit. Wie durch ein Wunder überlebten Teofila und Marcel die »Große Selektion« am »Umschlagplatz«, es gelang ihnen die Flucht, sie konnten sich verstecken. Dies alles überlebt zu haben erscheint ihnen noch heute wie ein Traum.

Die Bilder von Teofila und die Texte von Marcel Reich-Ranicki legen Zeugnis ab von der Barbarei und vom Leid der Menschen – und zugleich erzählen sie die Geschichte einer Liebe, einer Liebe, die die Angst überwinden half.

Bildnachweise

S. 5: Doktor Erich Kästners Lyrische Hausapotheke. 56 Gedichte im Warschauer Getto aufgeschrieben und illustriert von Teofila Reich-Ranicki, Stuttgart-München: Deutsche Verlagsanstalt 2000, S. 67.

S. 34/35: (Der Bajazzo, Madame Butterfly, Aida, Tosca, Carmen, La Traviata, Faust, Die Meistersinger): Teofila Reich-Ranicki und Hanna Krall, Es war der letzte Augenblick. Leben im Warschauer Getto. Aquarelle und Texte, Stuttgart-München: Deutsche Verlagsanstalt 2000, S. 109, 115, 103, 113, 107, 101, 105, 99.

S. 37: Lyrische Hausapotheke, S. 55.
S. 51: Lyrische Hausapotheke, Umschlag.
S. 53: Lyrische Hausapotheke, S. 69.
S. 68: Es war der letzte Augenblick, S. 63.
S. 70/71: Es war der letzte Augenblick, S. 42/43.
S. 75: Es war der letzte Augenblick, S. 59.
S. 78/79: Es war der letzte Augenblick, S. 46/47.
S. 81: Es war der letzte Augenblick, S. 53.
S. 82: Es war der letzte Augenblick, S. 49.
S. 86/87: Es war der letzte Augenblick, S. 54/55.
S. 89: Es war der letzte Augenblick, S. 39.
S. 96/97: Es war der letzte Augenblick, S. 64/65.
S. 100: Es war der letzte Augenblick, S. 41.
S. 105: Es war der letzte Augenblick, S. 45.
S. 112: Es war der letzte Augenblick, S. 67.

Textnachweise

S. 7 (Im magischen Judenkreis): Marcel Reich-Ranicki, Über Ruhestörer. Juden in der deutschen Literatur, Stuttgart: Deutsche Verlagsanstalt 1978 (erw. Neuausgabe 1989), S. 39-58. – Die Rede »Im magischen Judenkreis« (zur Münchener Ausstellung der »Werke von Autoren jüdischer Herkunft in deutscher Sprache«, 1970) wurde für diesen Abdruck an wenigen Stellen gekürzt.

S. 26 (Ich habe kein eigenes Land): Marcel Reich-Ranicki, Mein Leben, Stuttgart: Deutsche Verlagsanstalt 1999, S. 12-15.

S. 28 (Familie und erste Eindrücke): Marcel Reich-Ranicki im Gespräch mit Joachim Fest, Frankfurt/Main: S. Fischer 1987, S. 22-25.

S. 31 (Musik und Berlin): Mein Leben, S. 22-35. S. 47 (»Seelisch verwendbar«): ebd., S. 36-46. S. 59 (Bleiben oder gehen?): ebd., S. 60-61. S. 61 (Erste Begegnung): ebd., S. 189-191. S. 63 (Der Tod des Vaters): ebd., S. 195-198. S. 67 (Erst »Seuchensperrgebiet«, dann Getto): ebd., S. 199-201. S. 73 (Die Worte des Narren): ebd., S. 208-214. S. 85 (Todesurteile mit Wiener Walzern): ebd., S. 231-233. S. 91 (Eine nagelneue Reitpeitsche): ebd., S. 252-258. S. 101 (Ordnung, Hygiene, Disziplin): ebd., S. 262-275. S. 118 (Ein Brief): »Lieber Marcel«. Briefe an Reich-Ranicki, hg. v. Jochen Hieber, Stuttgart–München: Deutsche Verlagsanstalt 2000 (2. Aufl.), S. 296-297. S. 119 (Ein Traum): Mein Leben, S. 552-553.

Inhalt

Im magischen Judenkreis 7
Ich habe kein eigenes Land 26
Familie und erste Eindrücke 28
Musik und Berlin 31
»Seelisch verwendbar« 47
Bleiben oder gehen? 59
Erste Begegnung 61
Der Tod des Vaters 63
Erst »Seuchensperrgebiet«, dann Getto 67
Die Worte des Narren 73
Todesurteile mit Wiener Walzern 85
Eine nagelneue Reitpeitsche 91
Ordnung, Hygiene, Disziplin 101
Ein Brief 117
Ein Traum 118

Nachbemerkung 121
Bildnachweise 123
Textnachweise 124